乡创
操盘手

实/用/教/程

XIANGCHUANG CAOPANSHOU
SHIYONG JIAOCHENG

徐 耘 邱 硕／主编

四川科学技术出版社

图书在版编目（CIP）数据

乡创操盘手实用教程 / 徐耘，邱硕主编. -- 成都：
四川科学技术出版社，2022.4（2024.10重印）
ISBN 978-7-5727-0514-4

Ⅰ.①乡… Ⅱ.①徐… ②邱… Ⅲ.①农村经济发展
—中国—干部教育—学习参考资料 Ⅳ.①F323

中国版本图书馆CIP数据核字（2022）第057310号

乡创操盘手实用教程
XIANGCHUANG CAOPANSHOU SHIYONG JIAOCHENG

主　　编　徐 耘 邱 硕

出 品 人　程佳月
责任编辑　谌嫒嫒　肖　伊
封面设计　墨创文化
责任出版　欧晓春
出版发行　四川科学技术出版社
　　　　　成都市锦江区三色路238号　邮政编码 610023
　　　　　官方微博 http://weibo.com/sckjcbs
　　　　　官方微信公众号 sckjcbs
　　　　　传真 028-86361756
成品尺寸　**146mm × 210mm**
　　　　　印张　7.25　字数 167 千
印　　刷　成都一千印务有限公司
版　　次　2022年4月第1版
印　　次　2024年10月第3次印刷
定　　价　42.00元

ISBN 978-7-5727-0514-4

邮购：成都市锦江区三色路238号新华之星A座25层　邮政编码：610023
电话：028-86361770

序一　乡村振兴的根本是人的改变

习近平总书记在党的十九大报告中提出了实施乡村振兴战略，这是决胜小康和建设社会主义强国的重要步骤，也是补齐我国社会发展的短板。实现共同富裕是中国特色社会主义根本原则，要让发展的成果更多更公平地惠及包括乡村群众在内的全体人民，这既是社会主义的本质要求，也是中国共产党的初心使命。

百年乡建，梁漱溟、晏阳初、陶行知、卢作孚、张謇等很多仁人志士投身乡村，试图构建现代乡村社会，挽救中国乡村、实现中华民族复兴与现代化。中华人民共和国成立后，我国政府开展了大规模、系统性的扶贫开发，特别是党的十八大后举全党、全国、全社会之力开展脱贫攻坚，实现了"两不愁，三保障"，彻底消除了千百年来我国存在的绝对贫困，在乡村减贫和发展方面积累了丰富的经验。但我们仍清楚地知道，城乡之间、东西部乡村之间存在很大的差距，发展很不平衡。按照中央的部署，实施乡村振兴战略分三步走，在未来相当长的时期内，乡村振兴都将是"三农"工作的总抓手，将有大量的人力、物力持续投入。

乡村如何抓住这次机会，利用好各方资源，少走弯路，加快发展，这不仅需要更多资源投入，更需要系统的方法，不能乱干、蛮干。

我国幅员辽阔，自然资源、文化传统、经济发展和政府治理能力差异很大，各地开展乡村建设的方式、方法也千差万别。从事扶贫工作近 20 年，我有机会走进很多乡村，看到了很多生动、精彩的实践。有的村因为有个非常能干的村干部，自下而上，带领村庄走出了一条独具特色的发展、壮大之路，成为远近闻名的富裕村；有的村因为有个开拓创新、敢作敢为的政府官员，自上而下地推动，走出了一条定位准确、运营成功的发展之路；有的村因为遇到了一个优秀的乡建团队，创意策划，资源导入，使得村庄脱颖而出，迅速发展，远近闻名……

认识徐耘老师是因为听说成都附近有个明月村，因为一套创新的体制、机制，吸引、激发了很多新村民来村里投资、兴业、定居。这些新村民有艺术家、设计师、返乡的乡贤、充满激情的新青年……他们的到来打破了村庄的宁静，强烈地冲击着老村庄的生产生活，很多老村民也被激发起来，投身到村庄的旅游发展中。现在的明月村文旅产业蓬勃发展，村庄环境生态宜居，村民风貌乐观友好，村庄管理井井有条，村民收入大幅提高，生活美满，完全算得上是乡村振兴的一个样板。今天的明月村最大的变化是村庄的人又多了起来，充满生机活力。年轻的父母有更多机会能够在家门口就业创业，可以陪伴孩子的成长，可以照顾年迈的老人；一批本乡、本村见过世面、有冲劲的年轻人返回乡村，组成了村庄的经营团队，使得明月村的明天充满无限可能。之所以有如此大的变化，一个重要原因就是明月村遇到了时任蒲江县政协主席的徐耘。徐耘老师结合在邛崃、大邑等地分管旅游工作的经验，把几十年来他对乡村发展的理解、洞察，在政府体系强有力的推动下，创造性地落地明月村，走出了适合本村的可持续发展之路。随后，在徐耘老师主导下打造的大邑县斜源共享度假小镇、乡村公园社区晏家坝……也如明月村一样取得了很大成功，各项殊荣接踵而来，更重要的是村庄因此发展起来，村民的获得感、幸福感更加充实，更加持续，村庄的身份认同感也大大提高。因为工作的关系，近几年我跟徐耘老师关于乡建的交流有很多，每次都受益匪浅，我与他亦师亦友。在一个个村庄的实践中，徐耘老师的乡建思想逐渐成为一套"公益＋乡创"的体系，也是一套方法论。40多年的工作使得他极其了解政府的运作，也非常了解乡村工作，因此徐耘老师一直称自己是"体制内的操盘手"。

"ME公益创新资助计划"是民生银行联合中国扶贫基金会发起，旨在鼓励乡村建设、乡村发展中的创新实践，可以是技术的创新，也可以是模式的创新。在2019年的第五届项目评审中，"三加二"申报的乡建操盘手课程开发方案获得最终支持，才有了今天的《乡创操盘手实用教程》。作为一个从事扶贫工作多年的人，个人认为这本教程在民生"ME计划"的支持下能够整理、系统化，变得可传播、可复制，它的价值、意义不亚于直接投入款物去援助一个具体项目、一个具体村庄。

当然，这本教程来源于有限的乡村实践，其归纳、提炼、升华不一定有学术论文般严谨、科学、系统，但在全面开始乡村振兴的第一年出版，适逢其时，是非常有意义的一件事情。

中国扶贫基金会副秘书长　王　军

序二 本土"操盘手"：现代乡村的营造师

这是一本突出实用性的培训教程。在其中，无数热爱乡村、潜力十足的青年学员被生动地比喻为"操盘手"。在我看来，这是一批即将成为乡村建设生力军的新型践行者；究其实质及未来贡献，他们堪称现代乡村的营造师。

"营造"之义，取自汉语文献的古今传承，意指对特定事物、住宅或社会空间的经营、打造，用现代一点的说法，可指对社区共同体的创建与管理。

翻阅古代文献，《通典·职官十五》有这样的记载："掌管河津、营造、桥梁、廨宇之事。"《宋书》则称："又有巧思……纸及墨皆自营造。"到了20世纪，梁思成、林徽因等创办"营造学社"，通过融入西方建筑的科学原理，推动对汉语"营造"之精髓与法式的理解和践行。与此同时，在费孝通等人类学家及梁漱溟、晏阳初、卢作孚等乡建人士的参与下，"营造"的内涵和实践又逐步添加了地方建设与社区改造之时代内容。

可见，以"操盘手"命名的新时代乡村营造师们，早已和若干世代的前辈息息相通，一脉相承，肩负起承前启后的文化使命。在这个意义上，本书称得上开启使命之门的钥匙之一。因此，学习操盘，就是承继营造之法式；领悟乡建，就是发扬社区创建之本领。

本教程由三加二读书荟召集的专业团队组织编写，内容扎实，功能齐备。编撰者以当代川西的典型案例为基础，立足实证，讲求实操，篇章系统化，层次亦分明，称得上难得的乡建演练范本。

川西位于成都平原，属中国多元一体地貌的特殊区域。相信本教程的编辑出版不仅能为本土人才的崛起发挥作用，也将催生与各地交流对话的新乡土类型。

2017 年以来，四川大学人类学团队与三加二读书荟合作，联手创办了扎根实地的"乡村研究院"，呼吁发掘乡民传承的本土知识，强调内外结合的田野实践与学术话语的"在地化"。为此，笔者不但愿为这本具有首创意义的"操盘手"教程的面世鼓与呼，更期盼其能在各位实操者的参与下不断完善，成为精品。

是为序。

徐新建

文学博士，四川大学文学与新闻学院教授，博士生导师

文学与人类学研究所所长

中国多民族文化凝聚与国家认同协同创新中心学术委员会执行主任

序三　乡创操盘手：乡村振兴的有生力量

当今的乡创已经有了新的寓意，它不再是乡村自己的事情，不再是对乡村有情怀的一些人的事情，而是国家的事情、全社会的事情，是战略，是事业。

三加二读书荟独树一帜地推出了"公益＋乡创"的模式，找到了一条乡创的路径，在一个片区内做出"乡创示范区"，进而带动片区乡村朝着共同富裕的方向发展。

三加二读书荟率先提出了乡创"113+3"的服务团队架构和服务内容指南，并以团队驻场、全程服务、全方位把控、陪伴孵化方式入驻乡村，实践案例都在 1~2 年时间内发生了明显的变化。

乡创操盘手是操盘团队的灵魂人物，是完成乡创事业的综合性高素质人才。让我们用文字来给操盘手"画像"：

1. 操盘手思想专注，一旦负责项目操盘，满脑子都是画面，新旧对比、关联关系、细节进程，想的、说的、做的都是项目。

2. 操盘手整体性强，会把关键时间节点需要呈现成果的相关工作线条梳理清晰、设法同步推进，若干节点成果就是项目目标。

3. 操盘手执行力强，总会在困难的时候协调内外，联络专业，找到办法，解决问题，保障项目持续向前推进。

4.操盘手精力旺盛，总是白天现场、会议、协调，晚上学习、研究、思考，往往处于超负荷工作状态。

5.操盘手淡泊名利，项目推进过程中，他们的名字不一定出现在签名栏中，项目结束后也无人提及。操盘手是推动并完成项目的无名英雄！

乡创操盘是一项非常有成就感的工作和事业。乡创操盘手一定会是乡村振兴的有生力量，一定会成为一种崇高的职业！

柴　阳

三加二乡创联盟决策与督导委员会委员

成都今是乡村文化传播有限公司董事长

前　言

　　《中共中央关于制定国民经济和社会发展第十四个五年规划和二〇三五年远景目标的建议》对新发展阶段优先发展农业农村、全面推进乡村振兴作出了总体部署。《中共中央、国务院关于全面推进乡村振兴加快农业农村现代化的意见》指出：要坚持把解决好"三农"问题作为全党工作重中之重，把全面推进乡村振兴作为实现中华民族伟大复兴的一项重大任务，举全党全社会之力加快农业农村现代化，让广大农民过上更加美好的生活。推进乡村创新、创意、创业的"乡创"产业发展是贯彻落实中央精神，实现乡村振兴的必然趋势，是落实功能定位、推动绿色发展的重要载体，也是实现富裕充足、增进百姓福祉的客观需要。乡创是建设美丽乡村的升级版，乡创的核心是经营乡村，即依托乡村优质资源与国家支持政策，大力推动乡村产业创新、跨界融合、创意发展，重构乡村发展体系，实现乡村可持续发展。

　　在乡创事业中，操盘手发挥的作用越来越大。"操盘手"一词起源于金融行业，特指利用知识和判断力代人理财的职业人员，目前该词已经超越金融意义，运用到各行各业中。乡创行业的"操盘手"指的是利用乡村建设的经验知识和判断力为乡村创新、创意、创业事业服务的职业人员。他们是乡创的目标制定者、组织者、执行者、利益协调者、要素保障者、后勤服务者、节点控制者；他们的工作来自于乡村建设主体的授权，但在行事中又具有独立人格；他们保有乡创的整套方法和坚定的执行力，却又懂得边界，心系乡村的可持续发展，力戒攫取权力和利益的野心。

目前，乡村振兴事业已经在全中国轰轰烈烈地展开，在广袤的中国大地上已经有许许多多的操盘手团队在进行乡创实践。大家都在寻找适合于不同地方、不同乡村的乡创模式，可谓百花齐放。三加二读书荟的乡村操盘就是其中一朵别有风韵的花朵。三加二读书荟于 2012 年 4 月成立，是一个在成都西南郊县小镇上的民间公益机构，从公益到乡创，从小县到全国，从上报纸到上央视，从讲座到办学，从实践到操盘，一步步走来，在实施乡村建设行动、推进村庄规划、孵化乡村经营主体、培育乡村操盘手、促进城乡融合发展等方面开展了大量实践活动。其中，"国际可持续发展社区——成都市蒲江县明月村""成都乡村振兴十大案例之一——大邑县斜源共享度假小镇""四川资阳市乡村振兴示范村——中国乡村公园社区晏家坝"都是该团队操盘的乡村振兴成功案例。目前，该团队已探索出一条"公益 + 乡创"的乡村振兴路径，成为乡村振兴第三方创新服务平台，集研究性策划与项目落地操盘为一体，运用"113+3"乡创操盘法为乡村赋能，追求将乡村建成安居乐业的美丽家园。

为助力乡村人才振兴，培育乡村振兴人才，三加二读书荟面向全国推出了"乡村振兴操盘手培养计划"，研发了"乡创操盘手培训课程"，该课程入选了 2020 年中国扶贫基金会、中国民生银行"ME 公益创新资助计划"并受到资助。经过多次全国专题讲座以及在地小班培训实践教学推敲修改，现决定编写《乡创操盘手实用教程》，将"113+3 操盘人培训课程体系"向全国推广。

该教程适用对象为乡创操盘人员、涉农部门干部、乡镇村各级干部、文旅企业项目人员、乡村社区营造志愿者等。

北京大学光华管理学院教授、北京大学乡村振兴研究院副院长黄涛先生在《乡村振兴是再次改革的起点》一文中说："社会组织不要总是在'桥'上看风景，而是亲自能提供供给，这是更高的存在意义。"这本教程就是作为一个有志于从事乡村振兴事业的社会组织的"亲自供给"，不是在"桥"上看风景，而是真正修建一座让中国乡村通向美丽幸福的桥梁。希望该教程能够宣传乡村振兴政策，提供该机构积累的乡创优秀案例、实践经验，进一步促进乡创产业发展，让"乡创之火"成为点燃乡村发展、助力乡村振兴的强大力量。

目　　录

第一部分　公共基础

第二部分 乡创操盘十二步

第三部分 操盘案例精选

第一部分　公共基础

一、背景篇

三加二读书荟的乡创操盘萌芽于成都市蒲江县甘溪镇明月村乡创实践。2014年，三加二读书荟参与策划明月村项目，与政府协商后，决定将蒲江县明月村打造为"明月国际陶艺村"，形成以农业为本，以农、文、旅融合的乡村产业为支撑的新乡村。在这一过程中，三加二读书荟不仅打造了第一家民宿（画月）、第一家食堂（明月食堂）以及第一家创客服务站（三加二读书荟乡创研究中心），还形成了"一个理念、两个关键、三个不任性、四个下乡、五个要素"一套可供实施的乡创模式。此外，通过反思在明月村项目里扮演的"角色"，三加二读书荟初步形成了"操盘人"的理念，这不仅代表着团队明确了自己的身份和定位，也是他们未来发展的出发点。

在成都市大邑县斜源小镇的打造过程中，三加二读书荟的乡创操盘理论得到了进一步的发展。2018年，三加二读书荟逐渐形成了乡创联盟体系，明确提出了"四大抓手"乡创工作法，强调发挥社会组织和操盘人在新社区营造和示范项目打造中的作用。

不仅如此，团队还提出"把旅游变成旅居，把旅居变成乡居"的理念，意在以更舒适的乡村生活留住市民，从而将市民变为新村民，将原本的村落改造为城乡融合的社区。此外，三加二读书荟派人领办合作社，开发乡创产品，还动员和参与启动了第一批示范项目。

晏家坝项目的操盘标志着三加二读书荟的乡创模式和乡创体系的成熟。2020年，资阳市雁江区政府邀请"三加二"团队操盘雁江区乡村建设。团队在消化吸收之前经验的基础上，总结出了"打造乡村公园社区"理念，也就是说，乡村既要保留田园风光和传统文化，也要打造集体经济产业和城市社区型居民区。另外，团队不但首提"乡愁巷"并完成"八馆十二院二十铺"委托招商，发起创建晏家坝"十方田园乡创培训学校"，更重要的是将新社区营造作为乡创重要内容推出，着重挖掘在地文化和树立品牌产业。

随后，由于在乡创领域丰富的实践经验和成功的案例积累，三加二读书荟获得了中国民生银行联合中国扶贫基金会发起的"ME公益创新资助计划"，在多方力量的支持下，其乡创模式真正成型。

二、基础篇

（一）向书本学习

操盘的开展，既要亲自实践，也要注重吸取已有的经验。在已有经验的获取中，书本的有效利用是不可或缺的一环，在以下这些书中，存在着与操盘相通的逻辑思维方法。通过对这些书本的学习，实践者不仅可以训练逻辑思维，也可以触类旁通，将其合理运用到项目的落实中。

1.《找魂》：学习项目定位

（1）王志纲

王志纲，1955 年生于贵州，1982 年毕业于兰州大学经济系。原是媒体人，1994 年转型为策划人并在第二年成立王志纲工作室。如今，王志纲工作室已成为中国本土战略咨询界的领先品牌，在项目策划和城市、区域发展战略策划上取得了巨大成就。与此同时，王志纲工作室致力于打造有中国特色的商业思想库，先后推出系列作品。

（2）找魂——战略定位

《找魂》是王志纲工作室战略策划十年实录，是其推出的系列作品中具有相当分量的一本，"找魂"与英文中的"soul capture"相对应，也就是战略定位。王志纲早就向人们说明，战略的时代已经来临了，规划之前是策划，做任何事情都需要战略。战略与生存、出路、预见等息息相关，"找魂"是其中至关重要的一环。

（3）重要观点——找魂、丙方逻辑、"三老"模式、吃肉喝汤闻香

第一是找魂。王志纲强调，制定城市发展战略，首先要找到城市的"魂"。在帮助成都打造"西部之心"的策略上，工作室紧紧抓住两点：一是在宏观上，把成都放在整个中国城市群发展的大格局中去考量；二是在成都的城市个性、城市文化、城市气质和城市精神上大做文章，以这样的方式来建构成都的独家竞争优势。而找魂的法则即"顺藤摸瓜"，这里的"瓜"指的就是"魂"。首先，要具备系统思维的能力，把握整体。其次，要掌握科学的调研方法，也就是要动态地把握市场需求的趋势，提出相应的策略。最后，要具备理念提纯和一语中的两个能力，不仅要体现出唯一性、权威性与排他性，还要用最贴切的语言表述出来。

第二是丙方逻辑。这里的丙方思维与战略具有密不可分的关系。随着改革开放的推进，王志纲在第一时间感觉到一个新时代的到来并做出战略调整。王志纲工作室不是将自己定位为乙方，而是定位为丙方，认为在以客户为主的顾问咨询行业，以丙方思维来制定战略才是生存之道。

第三是"三老"模式的提出。所谓"三老"，一是"老头子"，即政府；二是"老板"，也就是企业；三是"老百姓"，即民众。"三老"模式，指的就是企业在从事运营活动的时候，要兼顾三者的利益，让各方都满意。

第四是吃肉喝汤闻香。对于旅游业来说，"吃肉"是观光时代，游客在景点四处游走拍照，看什么都新鲜；"喝汤"是休闲度假时代，游客会沉淀下来享受旅游的休闲之乐；"闻香"是个

性定制时代，游客愿意为满足个性化品味而付费。乡村旅游要考虑到三个阶段的不断进阶。

2.《佐藤可士和的超整理术》：学习资源排序、观点导入和系统重构

（1）佐藤可士和

佐藤可士和，日本青年设计师，1965年生于东京，1989年毕业于多摩艺术大学，进入日本知名广告公司"博报堂"，2000年成立设计工作室"SAMURAI"。《佐藤可士和的超整理术》浓缩了佐藤可士和的资源整理及解决问题的理念。

（2）一切从整理开始

佐藤可士和认为，尚未认清事物的本质就急于处理是无法解决问题的，而随时对复杂的社会保持危机感，保持穷究问题本质的积极态度，是整理术的最大前提。只要不是表面应付，而是面对核心问题，事情多半就能顺利解决。整理的步骤为：①掌握状况：替客户进行问诊，取得关于现状的信息。②导入观点：以各种角度检视信息，找出问题本质。③选定课题：为了解决问题，设定必须处理的课题。

佐藤可士和的"超整理术"分为三个阶段，即空间整理—信息整理—思考整理。

首先是空间整理，从清理身边的空间开始，从实际所处的环

境起步，更容易掌握诀窍。在空间整理阶段，训练的目的是学会如何设定优先排序，认清重要事物。

其次是信息整理，这个阶段要处理的就是导入个人观点。在取得相关信息之后，最大的难关就是如何处理、组合"轰隆"一声同时涌现的信息。佐藤可士和认为，要做到退一步观察，客观检视，发现过去忽略的细节与重要的关键。要抛开自以为是，舍弃自我，站在对方的立场，从各种角度检视信息。要试着改变想法，使缺点向优点转化。

最后是思考整理，也就是重构系统，此阶段要学会将思绪信息化、系统化。佐藤可士和认为，要条理分明地整理模糊不清的思绪是非常困难的事情，但一旦掌握自我思绪的核心，脑中的想法就能坚如磐石。合理运用思考整理术，可以帮助学习"思绪信息化"，将不可视的信息可视化，从而列出信息并进行整理。在与客户交流的过程中，将接收到的信息进行整理之后，要善于"向对方提出假说"，不断探索客户的思绪，更好地提出方案。

3. 《清单革命》：学习做事步骤、督促检查、复盘清单

（1）阿图·葛文德

阿图·葛文德，美国人，生于 1965 年，是白宫的健康政策顾问，影响奥巴马医改政策的关键人物，受到金融大鳄查理·芒格赞赏的医学工作者，其作品《清单革命》旨在指导大众如何持续、正确和安全地把事情做好。

（2）三张清单

首先是针对简单事项的执行清单。清单的制定，可以帮助执行者记忆关键步骤，并清晰地列出执行过程中必不可少的关键步骤。葛文德指出，清单可以为大众提供一种认知防护网，能够抓住每个人生来就有的认知缺陷，如记忆力不完整或记忆力不集中。在把简单的事情做好不犯低级错误的同时，也要为随机应变和主观判断留出足够的空间，以便更好地应对突发状况。

其次是关于复杂事项的核查清单。葛文德提出，制定清单必须注意的六大要点：第一，设定清晰的检查点，使用者在这些节点根据清单列出的项目执行检察程序。第二，编制者需要在操作—确认和边读边做这两种清单类型中做出一个选择。第三，清单不能太长。第四，清单的用语要做到精炼、准确。语言应为使用者所熟悉的专业用语。第五，应注意清单的版式。第六，无论在编制清单的过程中多么用心、多么仔细，清单必须在现实中接受检验，因为现实远比想象的更为复杂。

最后是针对重大事项的核查清单加沟通清单。葛文德认为，清单需要核查，需要不断改进，而这不能离开团队的沟通与合作。在进行改善的过程中，应该设立一定的标准，沟通质量的改善是关键。比如，医护人员在工作当中，对纷繁复杂的医疗程序以及操作步骤编制相应的清单，既可以保证工作的顺利推进，也可以提高效率。

4. 《从 0 到 1：开启商业与未来的秘密》：学习创新

（1）彼得·蒂尔

彼得·蒂尔，生于 1964 年，被誉为"硅谷创投教父"，PayPal 的创始人。他在《从 0 到 1：开启商业与未来的秘密》中，详细阐述了自己的创业历程与心得，包括如何避免竞争、如何进行垄断、如何发现新的市场，解读世界运行的脉络，分享商业与未来发展的逻辑。

（2）从 0 到 1

彼得·蒂尔认为，从 1 到 N 不是创新，而一定是利润摊薄的过程。从 0 到 1，或者说从无到有，意味着企业要善于创造和创新，通过技术专利、网络效应、规模经济、品牌等形成壁垒，从而实现质的垂直性层级跨越，由此开辟一个只属于自己的蓝海市场而成为这个市场的唯一，这样的垄断足可让企业安享丰厚的利润。

彼得·蒂尔指出，只要公司创新，创业就还没结束；一旦创新停止，创业就结束了。如果创业时机正确，能做的远不止创立一个有价值的公司——可以把握其未来的发展方向，使其向着创新的道路发展，而不是囿于已有的成功。基于彼得·蒂尔的观点，三加二读书荟提出，创新是知识和眼界基础上的想象力，是由人们认识的东西转化而来的新知；创新所经历的阶段为：模仿—优化—内化—新生—创新。

（二）向专家学习

听君一席话，胜读十年书。实践、读书、倾听是三加二读书荟提倡的乡创学习三部曲。其中，倾听就是与大家进行交流，从名家的已有经验中吸取智慧，听出大家的思想、经验，甚至是一生的感慨。

1. 阮仪三：新则新之，旧则旧之

阮仪三，中国历史文化名城保护专家委员会委员、建设部城市规划专家委员会委员、历史文化名城学术委员会副主任、中国网专栏作家以及专家。山西平遥古城和云南丽江古城保护的主要倡议者，首批"全国十大历史文化名镇"中有五个镇的保护规划出自阮仪三之手。

（1）一席话："新则新之，旧则旧之。"

要时刻保持发展的眼光，与市场需求、时代变化相接轨，这样才能更好地做出决策。同时，对待已经存在的事物，比如经过历史积淀而保存下来的各种遗址、村落等要采取保护的手法，在迎合市场发展的同时，也要保护其原有的自然和人文生态，"新"与"旧"相结合才能提出更好、更适合的方案。

（2）举例

比如，明月村明月食堂是旧房改造，则选择"旧则旧之"。明月村石头房子是新建筑，是游客中心，则选择"新则新之"，该建筑获得了建设部乡村建设示范奖。

2. 邓东：过程控制

邓东，中国城市规划设计研究院副总规划师、城市更新研究所所长、教授级高级城市规划师、中国规划学会城市设计学术委员会秘书长。

（1）一席话："专家论证作用有限，过程控制更加重要。"

专家的建议当然需要重视，但往往专家介入时间短，不同的专家意见不同，各有角度；政府工程时间又紧，几乎没有留有纠正与更改的时间。所以，一旦定位确定，过程控制才真正起作用。

（2）举例

三加二读书荟指出，对于新场古镇的建设而言，政府不仅购买设计服务，还购买设计师的驻场"过程控制"服务，让设计落地、不走样。

3. 李景汉：标杆立起来

李景汉，美籍华人，著名时尚投资者，成长于美国华盛顿。1990 年正式回国，迷上老北京四合院，在北京、上海相继开创了"四合苑""前门 23 号""外滩三号"等时尚消费地标。

（1）一席话："标杆要立起来。标杆很重要，从低到高很难。"

做任何事情都有一定的标准，而对于项目的实施，必须树立起标杆，标杆立得好，别人才能有好的、可模仿的参照，这样整个项目才能高标准地完成。如果标杆一开始立低了，其他事项就不可能往高标准去做，以后改造提升就非常困难，费时费钱费精力。对于标杆，也应该不断改进，由低到高，这一过程是十分困难的，需要各方参与者共同努力。

（2）举例

明月村的"画月"客栈，把民宿的标杆立起来，现在更多的民宿来比、学、超，这就是示范和标杆的作用。

4. 张晓军：独舞、领舞、共舞

张晓军，唐人文旅智库、"唐乡"新乡居生活社区创始人，中国旅游协会民宿客栈与精品酒店分会会长，知名旅游规划设计专家。

（1）一席话："我用三年时间购买教训：独舞—领舞—共舞！"

项目的落实，必须考虑到其所能带来的各方面的效益，不论是社会效益还是经济效益都在考虑范围。"独舞"所能带来的效益是有限的；"领舞"比"独舞"带来更多的效益，但还是远远不够的；只有做到了"共舞"，各方协调共同发展，才能收获长久的效益，而且困难和麻烦更少一些。

（2）举例

三加二读书荟在乡创实践中灵活运用张晓军的理念，在新社区营造中创造了一年基础（领舞）、二年社群（伴舞）、三年自发展（共舞）的方法。即第一年是乡创团队创建项目、主导社区营造的阶段，是领舞；第二年是发动和带领社群一起做营造的阶段，是伴舞；第三年是让在地社群自己独立营造的阶段，是共舞。只有共舞，才能让一个社区走上独立发展的、可持续的道路。

5. 梁军：技术不是问题，系统才是关键

梁军，著名乡建专家，土成木村和乡村细作的创始人。

（1）一席话："乡建需要一个理念走下去，人多思路不易统一，千万不能办成神仙会。"

乡建需要有统一的理念，而不是你一言我一语，没有一个统一的路径，项目的进展会大打折扣。只有将系统层面的问题处理好，技术层面的问题才能够更快速解决。

（2）举例

不要纠缠于形象定位，产业定位更重要。不要纠缠于单体风格，布局更重要。要强调的是，公共区起步尤其重要。

6. 温铁军：综合合作社

温铁军，著名"三农"问题专家，管理学博士。曾任中国人民大学农业与农村发展学院院长兼乡村建设中心主任，兼任中国农业经济学会副会长，享受国务院政府特殊津贴。

（1）一席话："成立综合合作社，要综合性解决问题。"

综合性合作社与多样性乡土社会文化建设、党政主导的群众路线这"三位"一起，服务于作为"一体"的美丽村庄的可持续发展。具体而言，就是以村两委为主导力量，从村庄资源和群众利益出发，动员村庄能人和积极分子，推进资源股权化占有，以此带动村民加入综合合作社，提高对外统一谈判地位以及相关社会文化建设工作。综合合作社可以综合性地解决乡村发展的各种问题。

（2）举例

明月村建立了综合性的乡村旅游合作社，合作社业务范围包括旅游项目开发和经营、旅游产品开发和销售、村内公共服务、村外旅游合作社托管经营、合作社运营管理模式输出等。合作社资金中村集体、村民、财政产业扶持资金各占三分之一。合作社运营产生的利润，入股村民、村集体各占三分之一，财政扶持资金产生的盈利留在村集体，继续支持村子发展。合作社聘请职业经理人经营管理，其收益为年底利润的百分之二十。这样的综合合作社推动了村庄的全面发展。目前，该合作社已经成为全国示范合作社。

7. 张孝德：新农人

张孝德，国家行政学院教授，公共经济研究会副秘书长。

（1）一席话："重视新农人的力量！"

新乡村人、新农人有很大的潜力，需要对他们加以重视，共同推进乡建的发展。只靠市民下乡是支撑不起乡建发展的，要发动当地人的力量，才可能产生新的东西。

（2）举例

三加二读书荟的操盘项目都是发挥了乡创志愿者、新乡贤、新农民、新干部等多方力量才成功的。比如斜源项目就做到了公益、人才、市民、项目的下乡，做到了联合发展，延伸出了新的经营与消费模式，融合了机制、创新、产业、城乡的发展，最后成为集公益、艺术、康养为一体的共享度假小镇。

8. 王旭：社会组织是乡创标配

王旭，知名乡建专家。

（1）一席话："公益机构应当成为乡建的标配！"

在乡村建设过程中，公益机构即社会组织的设立是重要的一环，公益机构进入乡村、服务乡村、服务当地，带来的将会是整个社会的效益。

（2）举例

三加二读书荟于 2017 年以"公益 + 乡创"的创新发展，发起成立成都三加二读书荟乡创联盟，性质为乡村振兴第三方创新服务平台。社会组织是三加二读书荟乡创联盟的四大抓手之一，是操盘过程中必不可少的一环。社会组织是双刃剑，把握发展的方向很重要。

9. 樊建川：理想的现实主义者

樊建川，建川实业集团董事长、建川博物馆馆长、汶川地震博物馆馆长、四川省商会副会长。

（1）一席话："做理想的现实主义者！"

做事业要有理想，没有理想，就会缺乏社会责任心，做的事情就缺乏意义价值。但只有理想是不够的，纯粹的理想主义者做不成事情，所以做事业要秉持现实主义精神，懂得遇到事情时退一步，与现实妥协。

（2）举例

安仁古镇具有代表性的建川博物馆是由樊建川一手创建的。他是典型的拥有理想的现实主义者，带着高远的理想、满腔的社会责任感投入到博物馆建设事业中，在遇到问题时懂得退一步来灵活处理。

10. 傅勇林：乡村除了文化，还要技术

傅勇林，文学博士，教授、博士生导师，享受国务院政府特殊津贴，四川省学术技术带头人。曾任成都市人民政府副市长，现任民进中央委员、民进四川省委副主委、成都市委主委。

（1）一席话："乡村不仅需要文化，也需要技术的支持。"

文化与技术应该要两手抓，这样才能够更好地实现乡建目的。

（2）举例

安仁古镇的成功，除了其自身得天独厚的博物优势，还与技术的开发和运用密不可分——有轨电车的引入、南岸美村的装配式生态建筑、信息化管理等，都是技术力量促成的。

11. 徐耘：权力不任性、资本不任性、农民不任性

徐耘，三加二读书荟发起人，原为体制内操盘手，现为中国扶贫基金会乡村研究院专家委员，四川省旅游学会乡创产业分会

会长。

（1）一席话："权力不能任性、资本不能任性、农民不能任性。"

"三个不任性"是徐耘带领三加二读书荟在乡创操盘中积累的关于政府、企业、农民三方乡创主体的自我约束原则。

（2）举例

第一，"权力不能任性"。明月村的项目引进和管理，永远都不是一个人说了算，永远都是要由一个机构、一个集体说了算。这个集体在建设过程中是"项目工作小组"，2016年以后就是镇政府和村两委。所有涉村事务都要经过集体讨论。

第二，"资本不能任性"。不是谁看中了明月村这块山青水绿的好地方，都可以进来或谁有钱就可以优先进来，而必须是工作室性质或经营性质的机构才能入驻。

第三，"农民不能任性"。教育村民看长远、谋长远，不能"就地抬价"、见利忘义、影响大局。

"三个不任性"把发展的随意性关进了制度的笼子，为中国农村在整体脱贫后将广泛开展的"美丽乡村建设"提供了一种机制上的宝贵思考与实践。有了"三个不任性"，农民从明月村的建设中稳固了原有的生活、获得了看得见的利益；外来的产业也在村里留得住、办得好。这样的"新农村建设"或者说"乡村再造"，既调动了原住民的积极性，也发挥了外来新住民的财力、智力与特长。几方的力量形成了合力，而不是各说各话，走着走着就四分五裂，各奔前程。"三个不任性"浓缩着三加二读书荟的智慧，也配合着时代的进步，并有前瞻性地杜绝了未来可能出现的问题。

（三）向实践学习

除了向书本和专家学习外，向实践案例学习也非常重要。一方面要从操盘手自己经历的操盘案例中不断总结经验教训，另一方面也要从其他操盘案例中分析操盘的得失利弊，提升对当下中国乡创事业的整体理解。以下以浙江良渚文化村的操盘实践为例，来说明如何向实践学习。

良渚文化村俯瞰

良渚文化村位于杭州西北部和余杭区中部，由三个旅游中心和多个居住村落组成。整体占地 1 万余亩（1 亩约为 666.67 平方米），属万科"非标准"新市镇产品实践，是集自然生态保护、休闲旅游、居住、经济文化于一体的新田园小镇。商业配套、医疗配套、教育配套、文化配套、交通配套以及休闲配套的完善使得良渚文化村可以与世界上任何一个国家的任何社区相媲美。

万科揽下的是房地产项目，但又不仅仅是卖房子，而是想要创造一个"文化、宜居、产业"的文化聚落社区，或是文化的"乌托邦"——良渚有遗址圣地、文创综合体、村民社区、文化生态休闲区、房地产，从初衷到布局，再到逻辑和效果，都获得了外界高度的赞赏。三加二读书荟认为，万科十年一剑，但再无复制。原因在于，良渚文化村虽然是房地产项目，却涉足社区、公共服务、生活、生产以及社会组织，这就很容易导致难以为继，事实上它后来放弃了公共管理和服务职能。

大凡是社区、房地产企业"独舞"或"领舞"操刀，都很难持续健康地发展社区。三加二读书荟通过对良渚文化村的考察，得出了以下结论：

（1）凡是叫社区，都应当有"政府、企业、社会"三种力量、三种职责、三种功能。单靠企业一家是承担不起的，也不应当认为可以承担。

（2）各级都喜欢讲"政府引导，企业主体"。事实上，只要不是纯粹房地产项目，只要有社区、有综合、有社会，就有多重主体，就包含多种利益，其中的"平衡和度"，靠企业完成是缺乏理论和案例支撑的。

（3）悉地集团赵晓均先生提出的"五行说"，即"政府、资本、农民、文化人、操盘人"五种关系需要平衡，只能是靠基于政府授权的代表——操盘人才能平衡。

（4）良渚文化村体现出的价值是：一个成功的文化社区，一个跨界多元的文化社区，企业不可或缺、社会组织不可或缺、政府公共职能不可或缺。

（5）在田园综合体、特色小镇和乡村振兴战略中，要做有产业支撑的宜居的家园，而不仅仅是一个景区；要有社会组织和政府力量，而不仅仅只是企业。

三、政策篇

乡村振兴和脱贫攻坚一样，都是党中央的重大决策部署，是关系全面建设社会主义现代化国家的全局性、历史性任务。2020年12月30日，习近平总书记在中共中央政治局常委会会议上的发言宣告了我国新时代脱贫攻坚目标任务的完成，中国就此进入了一个全面小康的新时代。俗话说"成家容易守家难"，打赢脱贫攻坚战、全面建成小康社会后，我们更要进一步巩固拓展脱贫攻坚成果，接续推动脱贫地区发展和乡村全面振兴。

中国是历史悠久的传统农业大国，农村面积广大、人口众多，以毛泽东为代表的中国共产党人更是以此国情为基础走出了"农村包围城市"的崭新的革命道路，可以说，要想打赢脱贫攻坚这场硬仗，离不开乡村这支后勤主力军，乡村振兴了，脱贫攻坚战才能更快、更稳、更好地运行下去。乡村振兴是实现共同富裕的必经之路，更是实现中华民族伟大复兴不可或缺的基石。

（一）理论指导

战略定位： 走中国特色的乡村振兴之路。由于历史状况、现实国情和政治制度不同，我们的乡村发展不能走美国大农场、大工业之路，也不能走欧洲农、牧、林、园艺等均衡农业和高度自由、高度竞争的产业道路，也不能完全采用日、韩小规模家庭经营、民办官助的农业发展模式。中国要走自己的乡村振兴之路，即有中国特色的共同富裕道路。

乡村振兴国家战略： 乡村振兴战略是习近平同志2017年10月18日在党的十九大报告中提出的战略。十九大报告指出，农业、农村、农民问题是关系国计民生的根本性问题，必须始终把解决好"三农"问题作为全党工作的重中之重，实施乡村振兴战略。中共中央、国务院连续发布中央一号文件，对新发展阶段优先发展农业农村、全面推进乡村振兴作出总体部署，为做好当前和今后一个时期"三农"工作指明了方向。

国内外的"双循环"国家战略：该战略的内容为"深化供给侧结构性改革，充分发挥我国超大规模市场优势和内需潜力，构建国内国际双循环相互促进的新发展格局"。近年来，随着国际地缘政治的变化和疫情的影响，一些跨国公司将生产线移至东南亚和其他国家，中国作为世界"工厂"的角色已经发生了变化。2020年5月14日，中央政治局常委会会议首次提出，要充分发挥我国超大规模市场优势和内需潜力，构建国内国际双循环相互促进的新发展格局。

总目标：实现农业农村现代化。

总方针：农业农村优先发展。

基本方略：精准。

战略重点：全局性，即全国统一布局；整合性，即发达地区带动不发达地区，沿海带动西部；系统性，系统研究乡村振兴；递进性，从沿海到内陆、从东部到西部，再继续实施西部开发、东北振兴、中部崛起、东部率先的区域发展总体战略。

关键路径：政府主导。一定要坚持党和政府的领导地位。

治理体系：国家治理体系和治理能力的现代化。

保障：城乡融合。凡是脱离城市说乡村，都不是真正的乡村振兴，要以城市的资源撬动乡村。乡村振兴的最高阶段就是城乡融合发展。

（二）纲领性文件

学习乡村振兴的相关政策，能帮助我们更好地从理论到实践，更好地把握政策风向，理解政策重点，合理制订计划，高效利用资源。以下是必须要注意的纲领性文件：

《中华人民共和国乡村振兴促进法》、《中国共产党农村基层组织工作条例》、2018 年以来的中央一号文件、《乡村振兴战略规划（2018—2022 年）》共同构成实施乡村振兴战略的"四梁八柱"。

1.《中华人民共和国乡村振兴促进法》

为了全面实施乡村振兴战略，促进农业全面升级、农村全面进步、农民全面发展，加快农业农村现代化，全面建设社会主义现代化国家，《中华人民共和国乡村振兴促进法》于 2021 年 4 月 29 日经第十三届全国人大常委会第二十八次会议审议通过，于 2021 年 6 月 1 日起施行。

《中华人民共和国乡村振兴促进法》坚持走中国特色社会主义乡村振兴道路。将坚持中国共产党的领导，贯彻创新、协调、绿色、开放、共享的新发展理念，走中国特色社会主义乡村振兴道路，促进共同富裕作为全面实施乡村振兴战略的指导思想。

《中华人民共和国乡村振兴促进法》坚持乡村全面振兴。统筹推进农村经济建设、政治建设、文化建设、社会建设、生态文明建设和党的建设，整体部署促进乡村产业振兴、人才振兴、文化振兴、生态振兴、组织振兴的制度举措。坚持农业农村优先发展。按照干部配备优先考虑、要素配置优先满足、资金投入优先保障、公共服务优先安排的要求，建立健全实施乡村振兴战略的组织保障、资金投入、政策支持等制度政策体系。

《中华人民共和国乡村振兴促进法》坚持农民主体地位。将维护农民主体地位、尊重农民意愿、保障农民合法权益摆在突出位置、贯穿法律始终，真正使农民成为乡村振兴的参与者、支持者和受益者。坚持城乡融合发展。顺应农业农村发展要求和城乡关系变化趋势，协同推进乡村振兴战略和新型城镇化战略的实施，促进城乡要素有序流动、平等交换和公共资源均衡配置，坚持以工补农、以城带乡，推动形成工农互促、城乡互补、协调发展、共同繁荣的新型工农城乡关系。

制定《中华人民共和国乡村振兴促进法》，是贯彻落实党中央决策部署，保障乡村振兴战略全面实施的重要举措；是立足新发展阶段，推动实现"两个一百年"奋斗目标的重要支撑；是充分总结"三农"法治实践，完善和发展中国特色"三农"法律体系的重要成果。

制定出台乡村振兴促进法，为全面实施乡村振兴战略提供有力法治保障，对促进农业全面升级、农村全面进步、农民全面发展，全面建设社会主义现代化国家，实现中华民族伟大复兴中国梦，具有重要意义。

2.《中国共产党农村基层组织工作条例》

为了坚持和加强党对农村工作的全面领导，贯彻党的基本理论、基本路线、基本方略，深入实施乡村振兴战略，提高新时代党全面领导农村工作的能力和水平，根据《中国共产党章程》制定的《中国共产党农村基层组织工作条例》经 2019 年 6 月 24 日中共中央政治局会议审议，由中共中央于 2019 年 8 月发布，自 2019 年 8 月 19 日起施行。

《中国共产党农村基层组织工作条例》是我们党关于农村工作实践探索和制度建设的最新成果，为坚持和加强党对农村工作的全面领导提供了基本遵循。条例提出党的农村工作必须遵循坚持党对农村工作的全面领导等 6 项原则，这是结合党管农村工作的长期实践经验、把握新时代农村工作规律确定的：

一是要坚持党对农村工作的全面领导，确保党在农村工作中总揽全局、协调各方，保证农村改革发展沿着正确的方向前进。

二是要坚持以人民为中心，尊重农民主体地位和首创精神，切实保障农民物质利益和民主权利，把农民拥护不拥护、支持不支持作为制定党的农村政策的依据。

三是要坚持巩固和完善农村基本经营制度，夯实党的农村政策基石。

四是要坚持走中国特色社会主义乡村振兴道路，推进乡村产业振兴、人才振兴、文化振兴、生态振兴、组织振兴。

五是要坚持教育引导农民听党话、感党恩、跟党走，把农民群众紧紧团结在党的周围，筑牢党在农村的执政基础。

六是要坚持一切从实际出发，分类指导、循序渐进，不搞强迫命令、不刮风、不一刀切。我国各地情况千差万别，必须科学把握乡村的差异性，因地制宜、精准施策、条例明确。

3. 2018 年以来的中央一号文件

（1）2018 年《中共中央国务院关于实施乡村振兴战略的意见》

文件指出，实施乡村振兴战略，是解决人民日益增长的美好生活需要和不平衡不充分的发展之间矛盾的必然要求，是实现"两个一百年"奋斗目标的必然要求，是实现全体人民共同富裕的必然要求。

文件从提升农业发展质量、推进乡村绿色发展、繁荣兴盛农村文化、构建乡村治理新体系、提高农村民生保障水平、打好精准脱贫攻坚战、强化乡村振兴制度性供给、强化乡村振兴人才支撑、强化乡村振兴投入保障、坚持和完善党对"三农"工作的领导等方面进行安排部署。

文件提出，走中国特色社会主义乡村振兴道路，让农业成为有奔头的产业，让农民成为有吸引力的职业，让农村成为安居乐业的美丽家园。文件确定了实施乡村振兴战略的目标任务：到2020年，乡村振兴取得重要进展，制度框架和政策体系基本形成；到2035年，乡村振兴取得决定性进展，农业农村现代化基本实现；到2050年，乡村全面振兴，农业强、农村美、农民富全面实现。

文件强调，坚持农业农村优先发展。把实现乡村振兴作为全党的共同意志、共同行动，做到认识统一、步调一致，在干部配备上优先考虑，在要素配置上优先满足，在资金投入上优先保障，在公共服务上优先安排，加快补齐农业农村短板。

（2）2019年《中共中央国务院关于坚持农业农村优先发展做好"三农"工作的若干意见》

2019年是中华人民共和国成立70周年，是全面建成小康社会的关键之年，巩固发展农业农村好形势，具有特殊重要意义。2019年农业农村工作要以习近平新时代中国特色社会主义思想为指导，全面贯彻党的十九大和十九届二中、三中全会及中央经济工作会议、中央农村工作会议精神，坚持稳中求进工作总基调，落实高质量发展要求，坚持农业农村优先发展总方针，以实现农业农村现代化为总目标，以实施乡村振兴战略为总抓手，对标全面建成小康社会"三农"工作必须完成的硬任务，适应新形势新任务新要求，立足全局抓重点，担当作为抓落实，围绕"巩固、增强、提升、畅通"深化农业供给侧结构性改革，加大脱贫攻坚力度，提升农业发展质量，稳定粮食生产，保障重要农产品供给，发展壮大乡村产业，促进农民持续增收，抓好农村人居环境整治，全面深化农村改革，加强文明乡风建设，健全乡村治理体系，充分发挥农村基层党组织战斗堡垒作用，全面推进乡村振兴，确保到 2020 年承诺的农村改革发展目标任务如期推进，以优异成绩庆祝中华人民共和国成立 70 周年。

（3）2020 年《中共中央国务院关于抓好"三农"领域重点工作确保如期实现全面小康的意见》

全文共 5 个部分，包括：坚决打赢脱贫攻坚战；对标全面建成小康社会加快补上农村基础设施和公共服务短板；保障重要农产品有效供给和促进农民持续增收；加强农村基层治理；强化农村补短板保障措施。

文件指出，2020 年是全面建成小康社会目标实现之年，是全面打赢脱贫攻坚战收官之年。党中央认为，完成上述两大目标任务，脱贫攻坚最后堡垒必须攻克，全面小康"三农"领域突出短板必须补上。

文件确定，对标全面建成小康社会目标，强化举措、狠抓落实，集中力量完成打赢脱贫攻坚战和补上全面小康"三农"领域突出短板两大重点任务，持续抓好农业稳产保供和农民增收，推进农业高质量发展，保持农村社会和谐稳定，提升农民群众获得感、幸福感、安全感，确保脱贫攻坚战圆满收官，确保农村同步全面建成小康社会。

（4）2021 年《中共中央国务院关于全面推进乡村振兴加快农业农村现代化的意见》

全文共 5 个部分，包括：总体要求、实现巩固拓展脱贫攻坚成果同乡村振兴有效衔接、加快推进农业现代化、大力实施乡村建设行动、加强党对"三农"工作的全面领导。

文件指出，"十四五"时期，是乘势而上开启全面建设社会主义现代化国家新征程、向第二个百年奋斗目标进军的第一个五年。民族要复兴，乡村必振兴。党中央认为，新发展阶段"三农"工作依然极端重要，须臾不可放松，务必抓紧抓实。要坚持把解决好"三农"问题作为全党工作重中之重，把全面推进乡村振兴作为实现中华民族伟大复兴的一项重大任务，举全党全社会之力加快农业农村现代化，让广大农民过上更加美好的生活。

文件确定，把乡村建设摆在社会主义现代化建设的重要位置，全面推进乡村产业、人才、文化、生态、组织振兴，充分发挥农业产品供给、生态屏障、文化传承等功能，走中国特色社会主义乡村振兴道路，加快农业农村现代化，加快形成工农互促、城乡互补、协调发展、共同繁荣的新型工农城乡关系，促进农业高质高效、乡村宜居宜业、农民富裕富足。

（5）2022年《中共中央国务院关于做好2022年全面推进乡村振兴重点工作的意见》

全文共8个部分，包括：全力抓好粮食生产和重要农产品供给、强化现代农业基础支撑、坚决守住不发生规模性返贫底线、聚焦产业促进乡村发展、扎实稳妥推进乡村建设、突出实效改进乡村治理、加大政策保障和体制机制创新力度、坚持和加强党对"三农"工作的全面领导。

文件指出，做好2022年"三农"工作，要以习近平新时代中国特色社会主义思想为指导，全面贯彻党的十九大和十九届历次全会精神，深入贯彻中央经济工作会议精神，坚持稳中求进工作总基调，立足新发展阶段、贯彻新发展理念、构建新发展格局、推动高质量发展，促进共同富裕，坚持和加强党对"三农"工作的全面领导，牢牢守住保障国家粮食安全和不发生规模性返贫两条底线，突出年度性任务、针对性举措、实效性导向，充分发挥农村基层党组织领导作用，扎实有序做好乡村发展、乡村建设、乡村治理重点工作，推动乡村振兴取得新进展、农业农村现代化迈出新步伐。

4.《乡村振兴战略规划（2018—2022年）》

《乡村振兴战略规划（2018—2022年）》是中央农村工作领导小组办公室提出的乡村振兴规划，2018年2月5日，该规划的初稿已基本形成，在按照程序进行报批，2018年5月31日，中共中央政治局召开会议，审议《乡村振兴战略规划（2018—2022年）》（以下简称《规划》）。

《规划》坚持乡村振兴和新型城镇化双轮驱动，从城乡融合发展和优化乡村内部生产生活生态空间两个方面，明确了国家经济社会发展过程中乡村的新定位，提出了统筹城乡发展空间、优化乡村发展布局、完善城乡融合发展政策体系、把打好精准脱贫攻坚战作为优先任务等重塑城乡关系、促进农村全面进步的新路径和新要求。

《规划》按照产业兴旺、生态宜居、乡风文明、治理有效、生活富裕的总要求，明确了阶段性重点任务：一是以农业供给侧结构性改革为主线，促进乡村产业兴旺；二是遵循践行"绿水青山就是金山银山"的理念，促进乡村生态宜居；三是以社会主义核心价值观为引领，促进乡村乡风文明；四是以构建农村基层党组织为核心、自治法治德治"三治结合"的现代乡村社会治理体系为重点，促进乡村有效治理；五是以确保实现全面小康为目标，促进乡村生活富裕。

《规划》围绕落实中央统筹、省负总责、市县抓落实的乡村振兴工作机制，从坚持党的领导、尊重农民意愿、强化规划引领、注重分类施策、把握节奏力度五方面提出要求。

（三）行动性文件

该部分文件主要是具体发展过程中部委及省、市、县根据中央文件制定的实施意见，依据有农业农村部《全国乡村产业发展规划（2020—2025年）》，农业农村部《2021年乡村产业工作要点》，农业农村部、国家乡村振兴局《社会资本投资农业农村指引（2021年）》。

2020年7月9日农业农村部印发的《全国乡村产业发展规划（2020—2025年）》提出要发掘乡村功能价值，强化创新引领，突出集群成链，培育发展新动能，聚集资源要素，加快发展乡村产业，为农业农村现代化和乡村全面振兴奠定坚实基础。

2021年1月29日印发的《2021年乡村产业工作要点》则是提出了具体要求，确保推进"十四五"乡村产业工作开好局、起好步。文件强调，纵向拓展农业增值增效空间，横向拓展农业功能价值，打造农业全产业链。提出"2021年，创建一批全国农村一二三产业融合发展先导区"。

农业农村部、国家乡村振兴局对2020年4月制定的《社会资本投资农业农村指引》进行修订后形成的《社会资本投资农业农村指引（2021年）》于2021年4月22日印发，要求各部门结合本地实际，充分发挥财政政策、产业政策引导撬动作用，引导好、保护好、发挥好社会资本投资农业农村的积极性、主动性，切实发挥社会资本投资农业农村、服务乡村全面振兴的作用。

下面以四川省、成都市文件为例进行详细说明：

1.四川省《关于实现巩固拓展脱贫攻坚成果同乡村振兴有效衔接的实施意见》

四川省《关于实现巩固拓展脱贫攻坚成果同乡村振兴有效衔

接的实施意见》（以下简称《实施意见》）由中共四川省委与四川省人民政府于 2021 年 5 月 27 日发布。《实施意见》指出，要坚定不移贯彻新发展理念，坚持稳中求进工作总基调，坚持以人民为中心的发展思想，坚持共同富裕方向，将巩固拓展脱贫攻坚成果放在突出位置，建立农村低收入人口和欠发达地区帮扶机制，健全乡村振兴领导体制和工作体系，坚决守住不发生规模性返贫的底线，加快推进脱贫地区乡村产业、人才、文化、生态、组织全面振兴，为全面建设社会主义现代化四川奠定坚实基础。

《实施意见》提出，在脱贫攻坚目标任务完成后，设立 5 年过渡期，到 2025 年，脱贫攻坚成果巩固拓展，乡村振兴全面推进并取得重要进展，脱贫地区经济活力和发展后劲明显增强，农村低收入人口分类帮扶长效机制逐步完善，脱贫地区农民收入增速高于全省农民平均水平。

《实施意见》明确了建立健全巩固拓展脱贫攻坚成果长效机制、健全农村低收入人口常态化帮扶机制、接续推动脱贫地区发展、汇聚巩固拓展脱贫攻坚成果同乡村振兴有效衔接的强大合力 4 个方面 21 项重点工作任务。

《实施意见》还就加强组织领导提出了具体要求。

2. 四川省《关于做好乡镇行政区划和村级建制调整改革"后半篇"文章的实施方案》

四川省《关于做好乡镇行政区划和村级建制调整改革"后半篇"文章的实施方案》（以下简称《实施方案》）于 2021 年 3 月由省委办公厅、省政府办公厅印发。《实施方案》围绕优化资源配置、提升发展质量、增强服务能力、提高治理效能"四大任务"，提出优化乡镇机构编制资源配置、加强乡村规划建设、完善镇村便民服务体系、加强乡村基层组织建设等 24 项重点任务并逐一明确了责任单位。

《实施方案》提出，到 2021 年底初步实现调适城乡格局、调顺管理体制、调优产业布局、调强服务治理的目标；到 2025 年，实现乡镇（街道）、村（社区）运行机制更加高效顺畅，公共服务水平和基层治理能力显著提升，产业布局更加优化，新型城镇化体系更加完善，县域综合实力和整体竞争力明显增强。

《实施方案》强调，要加强组织领导，注重工作统筹，进一步巩固深化两项改革成果，健全持续抓落实工作机制，推动解决一批重点难点问题，切实把改革成果转化为发展红利和治理实效。

3. 四川省《四川省乡村振兴战略规划（2018—2022 年）》

中共四川省委、四川省政府于 2018 年 9 月印发《四川省乡村振兴战略规划（2018—2022 年）》（以下简称《四川省规划》），对四川省实施乡村振兴战略作出整体部署，明确坚持把实施乡村振兴战略作为新时代"三农"工作的总抓手，按照产业兴旺、生态宜居、乡风文明、治理有效、生活富裕的总要求，统筹推动乡村产业振兴、人才振兴、文化振兴、生态振兴、组织振兴，建立健全城乡融合发展体制机制，加快推进农业农村现代化，擦亮四川农业大省金字招牌，推动由农业大省向农业强省跨越。

《四川省规划》分为三大板块 11 章，其中第一部分为总论，包括规划背景、总体要求、构建乡村振兴新格局；第二部分为重点任务，包括推动乡村产业高质量发展、建设美丽四川宜居乡村、打造乡风文明新乡村、健全现代乡村治理体系、切实保障和改善农村民生及高质量推进精准扶贫精准脱贫；第三部分为支撑保障，包括建立健全城乡融合发展体制机制、加强规划组织实施等。《四川省规划》部署了包括农业综合生产能力提升行动等 18 类重大工程、重大计划、重大行动。

《四川省规划》的总体要求是，按照到 2020 年实现全面建成小康社会和分两个阶段实现第二个百年奋斗目标的战略部署，2018 年至 2022 年这 5 年间，既要在农村实现全面小康，又要为基本实现农业农村现代化开好局、起好步、打好基础。

4. 成都市《成都市乡村振兴战略规划（2018—2022 年）》

中共成都市委、成都市政府 2019 年 3 月正式印发了《成都市乡村振兴战略规划（2018—2022 年）》（以下简称《成都规划》）。

《成都规划》以习近平新时代中国特色社会主义思想为指导，深入贯彻党的十九大和十九届二中、三中全会精神，在全面总结农业农村发展历史性成就和历史性变革的基础上，科学研判经济社会发展趋势和乡村演变发展态势，围绕农业农村现代化的总目标，坚持农业农村优先发展的总方针，按照分三个阶段实施乡村振兴战略的部署，设定了阶段性目标。明确了今后 5 年的重点任务，提出了 22 项具体指标，其中约束性指标 3 项、预期性指标 19 项，首次建立了乡村振兴指标体系。同时，《成都规划》还对到 21 世纪中叶的乡村振兴目标，分两个阶段作了远景谋划。

《成都规划》坚持乡村振兴与新型城镇化双轮驱动，对如何统筹城乡发展空间、优化乡村发展布局、打好精准脱贫攻坚战提出了要求，并按照集聚提升、城郊融合、特色保护、搬迁撤并 4 种类型，明确了分类推进乡村振兴的方法和步骤。

《成都规划》坚持乡村全面振兴。按照产业兴旺、生态宜居、乡风文明、治理有效、生活富裕的总要求，围绕推动乡村产业、人才、文化、生态和组织振兴，抓重点、补短板、强弱项，对加快农业现代化步伐、发展壮大乡村产业、建设生态宜居的美丽乡村、繁荣发展乡村文化、健全现代乡村治理体系、保障和改善农村民生等作了明确安排，部署了82项重大工程、重大计划、重大行动。围绕乡村振兴"人、地、钱"等要素供给，提出了推动城乡融合发展、加快城乡基础设施互联互通、推进城乡基本公共服务均等化的政策举措。

为确保《成都规划》目标任务落实落地，《成都规划》从落实各方责任、强化法治保障、动员社会参与、开展评估考核等方面提出了明确要求。同时，从聚焦阶段任务、把握节奏力度等方面，对梯次推进乡村振兴作了部署，强调既尽力而为，又量力而行，有序实现乡村振兴。

（四）核心要点

1."20字"总要求

"20字"总要求具体为产业兴旺、生态宜居、乡风文明、治理有效、生活富裕，这是一个系统并有"质量"的要求，系统性体现在要求几乎涵盖了乡村振兴需要发展的方方面面（如乡村产业、乡村生态、乡风文化、乡村治理、乡村生活），有"质量"则是对这些方面的发展程度提出了具体且较高的要求：产业要"兴旺"，生态要"宜居"，乡风要"文明"，乡村治理要"有效"，乡民生活要"富裕"。

乡村振兴战略提出的"产业兴旺、生态宜居、乡风文明、治理有效、生活富裕"20个字总要求是相互联系的有机整体，准确把握总体要求的具体内涵及其相互关系，是理清乡村振兴战略思路，全面科学系统落实乡村振兴相关工作的重要一环。

2.总抓手：五个振兴

乡村振兴战略"五个振兴"即乡村组织振兴、产业振兴、人才振兴、文化振兴、生态振兴。在进行解读时，首先要厘清这五点之间内在的逻辑关系。

组织振兴是基层党组织实施乡村振兴战略的"主心骨"，党的力量来自组织，组织能使力量倍增。组织振兴为人才振兴提供了重要的保障，也是推动人才振兴的重要力量。人才振兴和产业振兴之间则有着相互影响的关系，人才振兴是"基石"，是产业振兴能够实现的关键；产业振兴则是发展的根基，能够为人才聚集提供基础。组织振兴、人才振兴、产业振兴三者同在一条线上，是乡村振兴战略中的经济主线，同时也与文化、生态振兴相互影响。

生态振兴是乡村振兴的重要理念，需要我们牢牢把握；文化振兴是乡村振兴的魂。乡村振兴，既要塑形，也要铸魂。没有乡村文化的高度自信，没有乡村文化的繁荣发展，就难以实现乡村振兴的伟大使命。

五个振兴共同作用，构成了乡村振兴的总抓手。五个振兴之间的相互关系如图 1-1 所示：

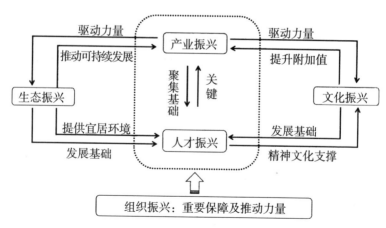

图 1-1　乡村振兴总抓手：五个振兴

3. 三权分置

当前，农村土地制度进入以土地经营权流转为特征的三权分置阶段。农村土地所有权、承包权、经营权"三权分置"，就是把这三种权利分开，即土地所有权归集体，承包权归农户，经营权归农户或者流转后的其他人。

土地所有权、承包权、经营权三权分置成为继家庭联产承包责任制后农村改革又一重大制度创新，三权分置也成为当前和未来我国农地制度改革的基本方向。

我国农地三权分置的制度设计，在坚持农村土地集体所有、维护农户承包权益的基础上，通过土地经营权的流转或在新型经营主体之间共享的方式，在保持了家庭经营基础的同时，使土地资源要素在更大范围内得到优化配置，为规模经营创造了条件。

此外，社会普遍关注的宅基地"三权分置"，即所有权归集体、资格权归农户、使用权可以放活，使农民可以增加财产性收入。

4. 土地红线和粮食安全

国无农不稳，民无粮不安，粮食产业是乡村振兴的基础，是国家安全的重要基础，是关乎国运民生和社会稳定的头等大事。耕地则是粮食安全的基石。习近平总书记在中央农村工作会议上指出，要严防死守 18 亿亩耕地红线，采取"长牙齿"的硬措施，落实最严格的耕地保护制度。2020 年底召开的中央经济工作会议指出，保障粮食安全，关键在于落实藏粮于地、藏粮于技战略。坚决遏制耕地"非农化"、防止"非粮化"，规范耕地占补平衡。

四、原则篇

（一）党的领导

坚持党的全面领导。党的领导是中国特色社会主义道路的本质特征和最大政治优势，是中国特色社会主义乡村振兴道路的突出特点和根本政治保障。坚持党的领导，才能够坚持正确方向，坚持农业农村优先发展的战略定位，凝聚最广泛合力，确保攻坚克难、实现共同富裕。

要全面贯彻党的基本理论、基本路线、基本方略，坚持和完善党领导经济社会发展的体制机制，加强党对"三农"工作的领导，毫不动摇地坚持和加强党对乡村工作的领导，协调推进党管乡村工作方面的战略布局，确保党在乡村工作中始终总揽全局、协调各方，保证党的路线方针政策和决策部署在工作中得到全面贯彻和有效执行，为乡村振兴提供坚强有力的政治保障。

（二）人民至上

坚持农民主体地位。始终坚定人民立场，强调消除贫困、改善民生、实现共同富裕是社会主义的本质要求，是党坚持全心全意为人民服务根本宗旨的重要体现，是党和政府的重大责任。高质量的乡村振兴，不断满足人民对美好生活的向往，是中国共产党的属性决定的，也是巩固执政根基，保证社会主义事业立于不败之地的根本方法。

要坚持把解决好"三农"问题作为工作重中之重，贯彻"农事为先、农民为主"的核心思想，充分尊重农民意愿，切实发挥农民在乡村振兴中的主体作用。实施乡村振兴战略是解决发展不平衡不充分问题的关键和难点，是推进中国特色社会主义现代化强国建设的重中之重，是中国发展的最大潜力所在，必须把实现好、维护好、发展好最广大人民根本利益作为一切工作的出发点和落脚点，更加自觉地使改革发展成果更多更公平地惠及全体人民，促进农民持续增收，实现更加充分更高质量就业，健全乡村基本公共服务体系，健全多层次社会保障体系，扎实推动农民共同富裕，确保民生福祉达到新水平，切实增强农民群众获得感、幸福感、安全感。

（三）共同富裕

坚持在高质量发展中促进共同富裕。共同富裕是人民至上的自然延伸，是中国特色社会主义的鲜明特征和乡村振兴的内在目标，是实现马克思主义关于人的全面发展理想的基础和保障。这一发展方向将凝聚共建共享的发展共同体，最大限度调动和激发各种生产要素的积极性和创造力，走一条符合我国人多地少、资源匮乏基本国情的新型农业农村发展道路。

要按照产业兴旺、生态宜居、乡风文明、治理有效、生活富裕的总要求，巩固拓展脱贫攻坚成果，加强乡村基础设施和公共服务体系建设，改善乡村人居环境，强化社会主义核心价值观引领，不断满足农民群众多样化、多层次、多方面的精神文化需求，实现全体农民群众物质生活和精神生活都富裕。

走中国特色社会主义乡村振兴道路，持续缩小城乡区域发展差距，让低收入人口和欠发达地区共享发展成果，在现代化进程中不掉队、赶上来。重点鼓励辛勤劳动、合法经营、敢于创业的致富带头人，重点加强基础性、普惠性、兜底性民生保障建设，为农民提高受教育程度、增强发展能力创造更加普惠公平的条件，畅通向上流动通道，给更多人创造致富机会，形成人人参与的发展环境和人人享有的合理分配格局，促进农业高质高效、乡村宜居宜业、农民富裕富足，使全体人民朝着共同富裕目标迈进。

（四）绿色振兴

坚持人与自然和谐共生。习近平总书记提出"绿水青山就是金山银山"的发展理念，而绿色振兴是绿水青山就是金山银山"两山"理念的具体体现，是实现可持续高质量乡村振兴路径的必然选择。只有实现生态价值、人的需要与经济价值统一的乡村振兴，才可能创造出人民群众的高品质生活。

因此必须尊重自然、顺应自然、保护自然，坚持节约优先、保护优先、自然恢复为主，守住自然生态安全边界，完善生态文明领域统筹协调机制，统筹山水林田湖草系统治理，构建生态文明体系。

总之，推动形成绿色发展方式和生活方式是贯彻新发展理念的必然要求，必须把生态文明建设摆在全局工作的突出地位，要深入实施可持续发展战略，推动乡村绿色低碳发展，提高乡村资源利用效率，促进乡村经济社会发展全面绿色转型，建设人与自然和谐共生的现代化，为村民创造良好生产生活环境，以绿色发展引领乡村振兴。

（五）改革创新

坚持改革创新、激发活力。创新是发展的动力之基，改革是发展的活力之源。统筹绿色发展、共享发展、城乡融合发展的乡村振兴，必须用改革的办法，破解发展的障碍，提升发展效能，用创新的办法，孵化新的业态，创造和满足新的需求。

通过贯彻落实制造强国、质量强国、网络强国、数字中国的方针政策，推进乡村产业基础高级化、产业链现代化，加快农业数字化发展，推动农业经济体系优化升级，提高农业经济质量效益和核心竞争力。进一步发展战略性新兴产业，建设乡村现代服务业，不断深化乡村改革，统筹推进基础设施建设，促进乡村交通建设，扩大农业对外开放，激活主体、激活要素、激活市场，调动各方力量投身乡村振兴，以科技创新引领和支撑乡村振兴，以人才汇聚推动和保障乡村振兴，增强农业农村自我发展动力。

（六）文化振兴

推动乡村文化振兴。用高尚的文化涵养人心，用高雅的文化滋养生活，实现人的解放，以及人与人、人与自然的和谐，是马克思主义的思想精髓，是中华农耕文明的底色，是中国特色社会主义乡村振兴的重要精神力量。

既要以社会主义核心价值观为引领，弘扬先进文化，推动完善村规民约、行为规范，凝聚精神力量，提振农民精气神，提高乡村社会文明程度，焕发乡村文明新气象，弘扬主旋律和社会正气；又要深入挖掘优秀传统农耕文化蕴含的思想观念、人文精神、道德规范，培育挖掘乡土文化人才，开展道德模范、创业能手、身边好人等学习实践活动，促进成风化俗，铸魂乡风文明，加强乡村思想道德建设和公共文化建设。文化振兴根本上要聚焦群众需求，筑牢基层阵地，培育文明乡风、良好家风、淳朴民风，改善农民精神风貌，深化文明村创建。

（七）三个不任性

坚持权力不任性、资本不任性、农民不任性。权力不任性是乡村法治建设的体现。简政放权、放管结合的改革力度，实现有权者权力瘦身，把权力纳入法制轨道，让权力在阳光下运行，牢牢把握村民幸福主动权，不断满足农民对美好生活的向往。资本不任性是实现乡村可持续发展、保障农民主体地位的前提。坚持立足合作共赢的方针，始终凝聚共建共享的发展共同体，协调资本下乡与乡村生态，实现人的需要与经济价值统一的乡村振兴，创造出人民群众的高品质生活。农民不任性是乡村规范化发展的体现。既要尊重和满足村民生产与生活需求，又要规范村民建设与经营活动，引导农民个体与乡村共同体融合发展，实现村庄建设可控化与健康化。

现有的成功案例说明，只有坚持三个不任性，才能实现各方利益协调最大化，形成共建共享的最大公约数，科学有效地进行乡村振兴。成都市蒲江县明月村在乡村建设过程中，市、县、镇、乡各级政府都依法依规行使行政权力，切实维护村民的发展权益，引入的企业资本合理获取利益，村民守法知礼，主体各方相互理解、彼此妥协，实现了文创园新村民与老村民和谐共生，为塑造"国际可持续发展社区"奠定了牢固基础，为高质量乡村振兴战略提供了参考。

（八）聚焦三农

乡村振兴国家战略指出，必须始终把解决好"三农"问题作为全党工作的重中之重。乡创一定是围绕农业、农村、农民问题展开的，不解决"三农"问题的产业不是乡创。真正的乡创是为乡村赋能，像三加二读书荟为乡村赋能就是做示范、陪伴、孵化。比如做"农业＋"，就是以传统的优势农业产业加上现在新的"二产""三产"的新业态、新模式。乡创仅仅靠农民个体是不够的，要把村集体经济做起来，让合作社代表农民作为市场主体走市场经济道路。

五、思维篇

（一）国家安全思维

国家安全涉及政治、经济、文化、生态、资源等多个方面，农业安全是其中一个重要而基本的组成部分。自古以来，中国以农立国，历代政府都重视农业的发展，农业兴则国家兴，农业衰则国家衰。农村是国家安全的压舱石，农村为中国的城市输送粮食，保障人民的基本生活需求。直至今日，"三农"问题仍是中国共产党和中国政府关心的头等大事。全面建成小康社会和全面建成社会主义现代化强国，最艰巨最繁重的任务在农村，最广泛最深厚的基础在农村，最大的潜力和后劲也在农村。中国共产党正加快农业供给侧结构性改革，推动农业农村可持续发展，加强和改善党对农村工作的领导。

著名"三农"问题专家温铁军在《乡村治理与国家安全的相关问题研究》中认为，乡村治理对国家安全有三项基础性作用：第一，经济结构多元化的乡村因具有发育产业集群的社会关系优势，而能在一定程度上抵御经济波动风险，因而能够持续作为国家安全的"软着陆载体"。第二，构建乡村经济发展和社会治理统筹兼顾的一体性框架，更有利于改善村社经济并使之具有持久活力和抗风险能力。第三，由于农村土地以社区为边界而使其财产关系具有高度的地理敏感性，因此，无论是发展乡村经济还是建设乡村人文环境，都要充分保证成员的社会嵌入性。

（二）城乡融合思维

改革开放以来，农民大量涌入城市，村庄逐渐败落，与之相对的是，城市规模迅速扩大，不断侵蚀周边地区。乡村振兴需要城市，但不能完全依靠城市，也要发挥乡村内在的能动性。《乡村振兴战略规划（2018—2022年）》指出"坚持城乡融合发展"，强调形成"工农互促、城乡互补、全面融合、共同繁荣的新型工农城乡关系"。可见，政府计划完善城乡布局结构，增强城镇地区对乡村的带动能力；推进城乡统一规划，通盘考虑城镇和乡村发展，统筹谋划产业发展、基础设施、公共服务等多方面。

乡村振兴缺少城市的要素就不能成功。一方面，城市应在多方面支持农村的建设。城市可为乡村带来充足的资金、数量众多的人才、较为先进的技术，促进乡村振兴。另一方面，乡村可以鼓励农民工回乡、返乡，建设农村家园；引导村民创业，开拓新的产业；支持外来企业在村内投资发展。乡村振兴的最高阶段是城乡融合。城与乡通力合作，共同解决各类难题。

（三）产业融合思维

一直以来，农村多依赖农业拉动经济，缺少第二、第三产业。然而，目前单纯的农业已经不能支撑农村的持续发展，农村要开辟全产业链模式，推进一产往后延、二产两头连、三产走高端，加快农业与现代产业要素跨界配置。农村的发展要通过农村的产业兴旺为农民开辟"第三就业空间"——通过产业融合和发展新产业、新业态为农民在乡村提供主要不依赖于单纯农业的就业岗位。在这些要求下，电子商务进入村庄，带来更多新的可能，拓宽了村民创业和致富的途径。同时，休闲农业和乡村旅游精品工程的研发同样是农村产业调整的方式之一，通过旅游业带动经济增长，为村民提供更多在地就业岗位。

农村也要完善生产、供销和信用体系。体系的完善意味着农村形成了一套相对完善的"规范"，农民在一定的约束下开展经济活动。生产、供销和信用三者整体的体系建立，意味着农村生产方式的调整，产品的运输和销售更为规范，完善的信用制度得以建立。这些都将成为农村进一步发展的保障。

（四）系统思维

乡村是在中国土地生长而成的有机体，与自然环境息息相关，也有着自身独特的文化内涵。乡村的复杂性注定了乡村振兴也是一个复杂的系统，牵涉政府、农民、资本等各方利益，应当运用系统思维，统筹规划乡村的方方面面。比如，村民是乡村最重要的群体，他们生活的改善意味着农村的发展，因此，要关注农民主体地位，发挥农民的主体作用，保障农民的权益。乡村的产业结构调整可能会损伤农民的短期利益，但长期看来却有利于增加农民的收入、保障农民的权益、提高农民的生活质量。再如，在进行产业结构调整时，乡村引入第二产业，容易造成资源短缺和环境污染，这要求在产业升级的同时，要打造生态宜居的美丽乡村。又如，发展产业不能忽视乡村本土的文化。独特的乡村文化成了当地乡村旅游业的核心竞争力，为村民提供更加丰富的生活元素。

可见，乡村的发展不能单靠一面，而是运用系统思维，将农村作为一个整体，共同处理多重问题，综合性地促进农村向前发展。

（五）创新思维

创新思维是指用全新的眼光看待乡村，重新认识乡村的价值。许多人认为，农村代表的是破败荒芜、人口流失的所在，代表着中国现代化建设的短板。实际上，中国的发展一直离不开乡村。百年前的乡村为城市的建设付出良多，如今，乡村种植的农作物品种得以优化，农业新兴技术的运用提升了亩产量。乡村能为中国供给更多的农产品，保障中国的粮食安全。农村的生产空间也是生活、生态空间，经过修饰和美化后，农村富有特色的建筑、农田、水塘、小道等，便可成为旅游和文创的新空间。村民在村庄里耕作、生长、繁衍，形成了一套完整的知识体系。这套体系不仅指代另一种生活方式，它也延续千年，成为中国人最宝贵的财富。

创新并非一蹴而就，它依托于科学技术的发展，社会才慢慢"涌现"出新的组织和机构。不同人的一点点创造，能推动更复杂的社会结构出现。因此，乡村振兴的创新，不能谋求剧烈的变革，而是在不断摸索中一点点试出了新的路径。

（六）旅游思维

乡村的发展离不开乡村休闲旅游业的建设。乡村旅游业是农业功能拓展、乡村价值发掘、业态类型创新的新产业，对乡村的基础设施、服务水平、文化资源开发等方面提出了更高的要求。不仅如此，乡村旅游业要求挖掘农村的独特性，展示农村与众不同的一面，以此形成乡村旅游的特色。而且，旅游开发也对乡村提出了更丰富的服务内容。农村不但要完善生产服务，也要提升餐饮住宿、商超零售、美容美发等生活服务业，从而为游客提供更舒适的体验。乡村只有为居民和游客提供更便捷、更美好、更幸福的生活，才能留住游客，化游客为常住居民，乃至成为新村民。

但是，并不是说乡村发展旅游业才需要有旅游思维，所有的乡村发展都需要具有美好生活、幸福产业的旅游思维。美好生活、安居乐业是所有人类社会的理想，乡村发展的关键在于创建更完备的基础设施，提升乡民的生活质量，这也是旅游思维的体现。

（七）技术思维

如今是技术爆炸的时代，只有技术变革才能推动社会进步。农村想要建设为和谐美好的家园，新兴技术的运用必不可少。目前，许多村庄和小镇的开发都会借助互联网和电子商务的力量，先在村里接通网线，搭建物流平台，教授村民开办网店。随之而来的是农产品的销售额不断增长。与此同时，村民使用"抖音""快手"寻找快乐的同时，支付宝生活缴费功能和付款功能的开通给他们的生活带来了更多便利。农村也因新技术的使用发生改变，节水滴灌系统、恒温系统、无土栽培等技术的开发，使一些土壤贫瘠的村庄也能进行果蔬种植，例如凉山彝族自治州昭觉县格布村的村民可以在大棚里无土种植黄瓜。又如，明月村引入的垃圾分类 APP，既能帮助村民更清晰高效地进行垃圾分类，工作人员更便捷地回收垃圾，也使得明月村更加整洁有序。

这些都是技术为农村建设带来的新变化，也是农村发展的新思路。在科技日新月异的当下，农村的发展离不开技术的支持，而技术的运用可为农村创造更多新的可能。

（八）经济思维

经济思维要求灵活地处理农村建设过程中的问题，以创新的方式吸引更多乡村建设从业者。例如，建筑设计师的收入与设计面积挂钩，城市里的住房大多类似，只需两三个户型，不断复制，就能组成一栋大楼，因而建筑设计面积大，设计师收入高，工作量低。相对来说，乡村多独栋建筑，并要求每栋都要有各自的特色，不但设计面积有限，而且对设计师的创意要求更高。因此，一直以来，少有设计团队愿意接下乡村设计项目。

"三加二"团队创造性地提出"创意＋设计"方案，要求地方政府或项目甲方不仅要支付乡村建筑的设计费，还要支付乡村建筑的"创意费"，以此向城市的建筑设计费用看齐。该理念在得到了政府的认同和支持后才开始实施。这种做法赋予"创意"以经济价值，保障了辛勤劳动的设计师的利益，也留住了有志于建设乡村的设计师们。

（九）乡土思维

要做好乡创工作，需要了解乡土社会的权力结构，遵循乡村社会交往规则，尊重乡村精英。费孝通把中国传统乡土社会的政治称为"长老统治"。如今乡村社会的精英主要有村干部等政治精英，致富能手等经济精英，退休干部、退伍干部等文化精英。在其中，村支书非常重要，是操盘中必须尊重和协作的人员。他懂得乡村整个运行机制，懂得人情世故，懂得协调各种人际关系。到乡村一定要放下身段，与村支书结成良好的人际关系，取得他的理解，这对后续工作开展非常必要。这种乡土人际思维延伸开来，当地的镇党委书记、县委书记都要摆在重要的位置上。

乡土社会是熟人社会，人与人之间讲情感、讲交情。平等、真诚地与村民交往，适当地参与村庄的社交活动，可以得到用金钱买不到的理解和信任，往往会给乡创工作带来意想不到的良好效果。

明月村"远远的阳光房"工作室的主人宁远是著名畅销书作家，曾经做过主播和高校教师。她考察明月村时，因一位老太太将陪嫁洗脸架赠予她，而选择留在明月村创办个人文创工作室。

明月村"远远的阳光房"工作室

六、体系篇

（一）理论体系

习近平总书记指出，脱贫攻坚取得胜利后，要全面推进乡村振兴，这是"三农"工作重心的历史性转移。在从脱贫攻坚到乡村振兴实现历史性转移之际，"三加二"系统梳理了乡村振兴的理论体系，以指引我们的乡村振兴实践。

乡村振兴的历史方位与战略定位。历史方位是指一个民族、国家在历史进程中的前进方向、所处位置及发展状态，乡村振兴的历史方位就是指我国农业农村现代化发展进入了一个新的历史发展阶段。党的十九大提出乡村振兴战略，这是以习近平同志为核心的党中央从党和国家事业全局出发，着眼于实现"两个一百年"奋斗目标、顺应亿万农民对美好生活的向往做出的重大决定。乡村振兴的战略定位集中体现在坚持走中国特色社会主义乡村振兴道路。一是始终坚持党的领导。二是始终坚持人民至上。三是始终坚持共同富裕的方向。四是始终坚持绿色振兴理念。五是始终坚持城乡融合发展。六是始终坚持改革创新。七是始终坚持文化繁荣。

乡村振兴的理论指导和基本方略。习近平总书记在党的十九大上首次提出实施乡村振兴战略以来，就乡村振兴战略、"三农"工作等发表了一系列重要论述。特别是习近平总书记关于乡村振兴战略的总目标、总方针、总要求和制度保障等重要论述，为全面推进乡村振兴提供了根本遵循。习近平总书记关于乡村振兴的重要论述内涵丰富，深刻、系统地回答了为什么要振兴乡村、建设什么样的乡村、怎样建设乡村等一系列重大历史性课题。他多次强调"精准是要义",精准方略已成为乡村战略实施的基本方略。

乡村振兴的战略重点和关键路径。理解乡村振兴的战略重点至少有四个维度：一是战略目标的全局性。二是战略内容的整合性。三是战略方式的系统性。四是战略过程的递进性。乡村振兴的艰巨性、复杂性决定了构建以政府为主导、市场与社会力量广泛参与、具有多元化主体的乡村振兴战略实施大格局的必然性。这一格局通过政府决策引导、市场经济互补及社会主动参与等多样化实施方式，形成产业振兴、生态振兴、文化振兴、人才振兴及组织振兴"五大振兴"，体系化的实施机制。要把广大农民对美好生活的向往转化为推动乡村振兴的内生动力，把解决好产业、人才、文化、生态、组织"五大振兴"面临的重点难点问题摆在推进乡村振兴的突出位置。

乡村振兴的治理体系和根本保障。统筹推进乡村振兴同逐步实现乡村治理体系和治理能力现代化，一是要尊重村民主体地位，完善村民自治制度。二是要加强农村基层党组织建设，发挥好战斗堡垒作用。三是要推进法治乡村建设，完善农村矛盾纠纷排查调处化解机制。四是要发挥社会主义核心价值观和优秀传统文化的引领作用，培育文明乡风。建立道德激励约束机制，引导农民自我管理、自我教育、自我服务、自我提高，实现乡村社会和谐有序健康发展。坚持党的集中统一领导是全面推进乡村振兴的根本保障，尤其要坚持省、市、县、乡、村五级书记抓乡村振兴和党委农村工作领导小组统筹领导。

（二）价值体系

乡村实践要靠价值体系来支撑，价值体系解决乡创中的价值观的问题，价值观可以把人留下，可以做出事情来。价值体系非常重要，否则会迷失方向，没有价值体系的乡村实践是无源之水、无本之木。

"三加二"在乡村实践中提出了一整套价值体系，即初心和愿景是"把乡村的事情做成乡村的事业"，实践和经验是"示范、陪伴、孵化"。"三加二"做乡创不是把乡村城镇化，不是让乡村成为城市的后花园，也不是单纯让乡民通过乡村旅游、乡村工业来赚钱，而是要让乡村成为有能力持续发展的人类聚落共同体，成为让乡民安居乐业、物质精神都富足的家园。

在这样的使命和愿景下，"三加二"的乡创就必须走"公益＋乡创"的路子，"公益"就是没有直接经济利益，创造各种组织和活动，让村民能够参与村庄的各种公共事务、满足村民多样的公共服务需求的路径。

在这样的路径之下，乡创的抓手就是"社会组织＋操盘人＋示范项目＋新社区营造"。实操中有五大核心业务，分别为研究性策划、"113+3"操盘服务、新社区营造、示范项目导入、乡村运营管理（如图1-2）。

（三）乡创体系

乡创是个复杂的过程综合体，"三加二"用系统性思维来构建乡创体系，在"产业兴旺、生态宜居、乡风文明、治理有效、农民富裕"20字总要求和"组织、人才、产业、生态、文化"五个振兴的总抓手之下，系统性覆盖思想、目标、人才、操作、保障五个方面。

把乡村事情做成乡村事业
（一个初心）
+
公益 + 乡创
（两条路径）
+
示范、陪伴、孵化
（三个实践）
+
社会组织 + 操盘人 + 示范项目 + 新社区营造
（四大抓手）
+
研究性策划、"113+3" 操盘服务、新社区营造、示范项目导入、乡村运营管理
（五大核心业务）

图 1-2　价值体系

思想体系包括："三农"问题体系，乡创就是要解决农业、农民、农村问题；安居、乐业、家园的愿景体系；协调政府、农民、资本、新村民、社会组织五大群体的关系问题；实现创新、协调、绿色、开放、共享的乡村建设目标。

目标体系包括：公益下乡、人才下乡、项目下乡、市民下乡；实现业态、形态、文态、活态；文化、文创、文旅、文商；生活、生产、生意、生态。

人才体系包括：新干部、新农人、新乡贤这"三新人才"，以及新职业者、乡创导师与志愿者。

操作体系实现了"113+3"实操的模型化。第一个"1"是一名导师，第二个"1"是一名操盘人，前一个"3"是三名专干（乡村设计师／乡村住房建设辅导人、乡村社工师、乡村新型合作社

孵化师），后一个"3"是三名助理（为当地培养三名骨干，留下三颗种子）（如图1-3）。

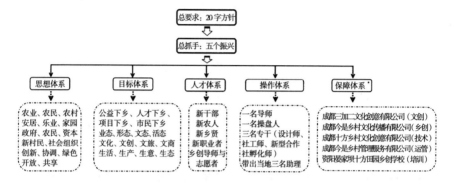

图1-3 乡创体系

* 保障体系是以志愿者为基础的机构＋联盟

（四）操作体系

在乡创的具体操作中需要五大主体进行具体的活动实践。第一，社会组织提供操盘人培训、新社区营造、新型合作社孵化等非营利性质的服务。第二，乡创公司提供有偿的研究性策划、"113+3"操盘、项目设计、示范项目打造、专业招商、运营管理等服务。第三，企业通过经营性项目、投资性项目提供运营服务和资金支持。第四，政府通过基础设施（公共性建筑、公益性建筑）建造、配套政策建造、招商等提供基础性服务。第五，社会力量，如农民、新村民等进行在地创业、返乡创业、入驻创业（如图1-4）。

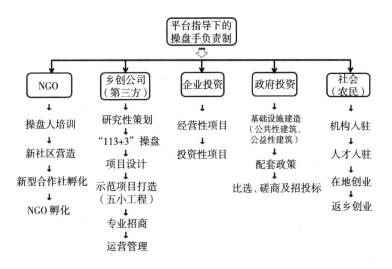

图1-4　操作体系

　　为了更好地解释政府、社会组织、企业、集体经济等社会主体之间的关系，以及各主体相关活动与乡创之间的关系，"三加二"还建立了乡创模型（如图1-5）。

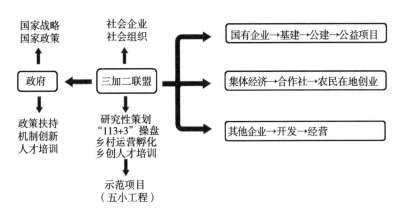

图1-5　乡创模型

政府是领导，把握和贯彻国家战略、国家政策，对乡创进行全面的政策扶持、机制创新、人才培训，政府在涉及乡创的基础建设、公益项目方面应该投入资金。三加二联盟是乡创事业的第三方，它的性质是社会企业、社会组织，提供的服务包括研究性策划、"113+3"操盘、乡村运营孵化、乡创人才培训，在地方政府、乡村自主选择之下，三加二联盟还可以提供五小工程示范项目。在政府领导和三加二联盟的指导下，国有企业来进行基建、公建、公益项目的各项工程；集体经济建立合作社，帮助农民在地创业；其他社会企业进行旅游、文创等项目的开发和经营。这样，乡创的各方主体都各司其职，各自承担各自的责任，真正符合国家对乡村振兴的政策要求，权力的"封火墙"也就建立起来了。

（五）培训体系

针对操盘人、新农人、新乡贤、新干部等目标群体，"三加二"建构了完整的培训体系。该体系的宗旨是培育创新型、实用型乡创人才，助力乡村振兴。该体系有经过实践检验和后续持续研发的两个强力支撑，提供产品教学、角色教学、实操教学三个教学品牌。培训体系现已形成了实用课程、实战案例、实战经验、实际参与四大特色。

比如在明月村和新场镇，分别开展乡创人才公益培训班并颁证，每期 10 人，实行小班制加师徒制、课堂培训加乡村实践，输送到全国服务农村，成为乡村新职业。在此基础上，晏家坝十方田园乡创学校也完成注册、建设和开班，为资阳市二区二县、重庆市巫山县、云南省弥渡县、四川"五匠"人才等完成培训十期共 360 人。三加二读书荟希望为每个示范村培养 3 名、每个县培养 30 名乡村振兴操盘人（如图 1-6）。

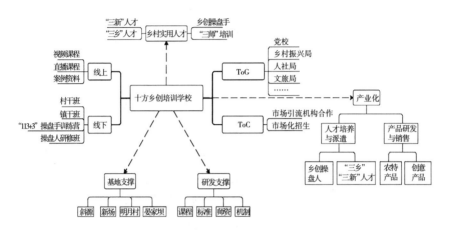

图 1-6 培训体系

第二部分　乡创操盘十二步

"乡创操盘十二步"是三加二读书荟在乡创实践中积累的操盘方法，集研究性策划与项目落地操盘为一体。研究性策划是新说法和新做法，是在传统内容与空间策划的基础上，以研究问题、解决问题为导向，以"导入和落地"为目的的实操性策划。项目落地则是把研究性策划应用于乡创操盘实践。地方政府领导，特别是主要领导一听就懂，愿意购买研究性策划服务和项目落地操盘服务，因为地方领导更关心区域发展、民生问题、产业问题和机制创新。这不仅是技术问题、专业问题，而是方向问题、发展问题、政治问题。

操盘手只要按照本部分的十二步来操作，乡创将有"法"可依、有路可循。

（一）ABC 项目判断法

项目判断是乡创第一步，决定着操盘手能否承接一个项目，具体来说就是看一个地方是否具备乡创吸引力，是否有配套的基础条件、发展空间和要素保障。项目判断的判别式是：

1. 给我一个由头

这是确定乡村的核心吸引力，回答操盘手为什么要到一个地方来。操盘手应敏锐地抓住国家和地方出台的相关发展政策，从目标乡村现有的自然、土地、房屋、产业、人文等资源发现其核心吸引力。

2. 给我一个基础

这是考察对方给出的基础配套条件，回答操盘手凭什么可以来。操盘手对目标乡村是否具备区位优势、是否具有便利的交通条件、是否具备特色产业及发展潜力、是否具备优良生态及村落风貌、是否具备政治资本和政策支持等方面进行清查，确定开发的可行性。

3. 给我一个空间

这是确立发展空间及要素保障，回答操盘手未来可否施展拳脚。从目标乡村具有的闲置土地及房屋资源是否充足、租赁费用是否合适等保障要素上，来判断该乡村是否能让操盘手进行运作并得出结论。

资阳市晏家坝村局部图

以下以资阳市晏家坝为例：

（1）给我一个由头是什么？

晏家坝是国家成渝双城发展战略的中间地区，是成都东部发展战略的重要连接点，也是成都第二机场重大发展项目惠及区域。

（2）给我一个基础是什么？

首先是区位，晏家坝临近资阳市，临沱江河岸，临市级教育发展园区。其次是交通，晏家坝一个村有两个高速入口，出入非常便捷。再次是产业，晏家坝村拥有四个现代农庄、一个伍隍优质种猪场，产业前景相当好。最后是荣誉，晏家坝村荣获"全国文明村"的称号，其村支书是全国人大代表，这是对外的一张有效名片。

（3）给我一个空间是什么？

晏家坝闲置房屋多且租赁费用不高，具备发展的良好空间。不够理想的一点是集体经营性建设用地比较少，但能满足基本要求。所以，晏家坝村可以走一条不依赖卖地的产业发展之路。

综上得出结论，制定一条符合晏家坝村的发展路线，并推荐给资阳市政府。随后，晏家坝村被列为全市五个农旅融合示范村之一。

（二）一二三项目归纳法

一二三项目归纳法是乡创第二步。三加二读书荟强调，在面对纷繁复杂的资源时，要做到"梳理—导入观点—系统重构"这三步，从而抓住问题核心，提出解决方案。

1. 梳理

梳理就是超级整理，对乡创相关因素进行整理和排序。三加二读书荟从《佐藤可士和的超整理术》一书中得到启示，当繁杂的信息涌现出来时，需要进行梳理、排序以及初步判断，尤其需要对人、区位、产业、保障四大因素做整理和排序。

第一是人。乡创的开展要充分考虑村民、乡贤、村集体、合作社、开发商、地方及上级政府等参与主体的发展诉求。同时，三级领导——县委书记、镇党委书记、村支书要在充分调动参与者能动性中发挥重要作用。

第二是区位。不论是农业产业规模化、结构化升级调整，还是农旅融合，都需要项目地具有优良的区位和交通条件。好的区位和交通预示着好的市场对接性和流通性，不仅有利于农副产品的贸易与流通，还有利于旅游市场的开拓与稳定发展。

第三是产业。发展产业是最难的，但在传统产业的基础上再创产业，是相对容易做到的。乡村项目打造成功的关键在于能够创造长足、健康的经济效益，因而具备一定特色产业的村镇，或在资源、管理、环境、人才、文化、技术等方面具备优势的村镇，更加具备发力基础，能够相对容易地通过产业链整合、产业结构升级，形成具有本地区特色及核心市场竞争力的产业或产业集群。

第四是土地、房屋保障。通常来看，"空心村"或新村搬迁之后的废弃旧村往往具备更便捷的开发条件，因为闲置的农宅、土地等资源更容易进行资产流转，这将大大减少项目前期的工作难度。而未来乡村项目的成功打造，将既有利于避免闲置资源的浪费，又能使偏僻、废置、无人居住的村落焕发新生。

以下以晏家坝的梳理为例：

（1）人的因素评估

晏家坝所属的区上有两个一把手支持，分管领导有力，主管部门领导积极。虽然缺少镇上领导评估环节，但是村支书能力强、有影响力。

（2）区位因素评估

区位和交通对聚人气、搞经营、谋发展都很重要。晏家坝位于成渝双城经济圈的核心腹地雁江区，毗邻天府国际机场，有两个高速入口，从高铁站驱车前往只需4分钟。

（3）产业因素评估

晏家坝靠山临江，地势平坦，水源充沛，生态条件优渥。优质绿色蔬菜、特色水果和生猪养殖等传统产业发展很好。

（4）土地、房屋因素评估

晏家坝有土地、闲置的房屋，保障尚可。从市区来的"新村民"可以直接从原来的"老村民"手中租赁土地和房屋，这对于晏家坝而言，对外有吸引力，对内有发展空间。

2. 导入观点

在对相关因素进行整理、排序以及研判之后，需要导入乡创的观点，这是进行总体战略定位的关键一步。有导入观点的成立，其后的相关工作才能正常开展。将特色产业发展、旅游业融合发展、生态可持续发展、乡村社会生活提质升级、乡村文化传承与自信作为综合因素进行通盘考量，确定最科学的总体战略定位。

以晏家坝的导入观点为例：

（1）党建引领下的乡村振兴示范村

晏家坝响应国家乡村振兴的号召，积极投入乡建，是全国文明村。此外，晏家坝的村支书是全国人大代表，有行动力、影响力，充分带动晏家坝村民开展乡村建设。

（2）共创共享的中国乡村公园社区

首先，晏家坝要在依托本地产业的基础上开展农业生产；其次，要以"留住乡愁"为目标进行社区建设；再次，孵化培育集体经济；最后，融入现代元素，吸引市民下乡，将晏家坝打造为共创共享的中国乡村公园社区。

3. 系统重构

从以上梳理和观点导入可以得出结论：是否在此地进行乡创，进行什么样的乡创。该结论就是对前述所有因素的系统重构。

针对晏家坝，三加二读书荟在综合评估之后，确定进行研究性策划并操盘落地，使晏家坝成为农旅融合示范村。一二三项目归纳法可以拓展至每一县区的示范项目。以资阳市为例，对雁江区晏家坝的归纳可以拓展至同区的高洞村、安岳区的卧佛村、临空镇的仁里村以及乐至县的故居后村。

（三）"找魂"定位法

用"找魂"定位、产业定位尤其重要。三加二读书荟从王志纲《找魂》一书中得到启示，在战略时代下，"找魂"是项目策划的重中之重。定位找准了，自然能够事半功倍。定位好，乡创各个板块就能顺利开展，取得好的效益。没有找准定位，无论从哪方面入手，都是一团乱麻，即使某些板块完成得好，总体上也不能获得好的收益。

定位包括战略定位、发展定位、产业定位以及形象定位等，而产业定位是重中之重。在乡村振兴中，乡村形象的定位不能真正推动乡村的建设，必须要落实到产业上，以产业带动经济发展，以经济发展带动乡村全面振兴。

以安仁古镇的定位为例，安仁历史悠久，在唐武德三年（公元 620 年）就建安仁县，取"仁者安仁"之意，小镇中有民国时期川西地区大商人刘文彩修建的公馆、学校、戏院、茶楼等，文化资源丰富。在政府与文旅界人士充分讨论之后，决定安仁要"基于本土的主打博物馆、空投博物馆、泛博物馆"，走博物馆小镇的发展道路。当代名人樊建川 2005 年在此创建了建川博物馆聚落。如今，安仁镇拥有"中国最大的博物馆小镇"的美名。它的产业定位就是中国博物馆小镇，产业发展定位为文博、文创与文旅。晏家坝的战略定位是党建引领下的乡村振兴示范村，发展定位是中国乡村公园社区，产业定位是特色种养业（果蔬、伍隍猪）、乡村旅游业（农庄、乡愁巷）、乡村文创（乡创学校、三崇堂）。

（四）若干基本问题研究法

本节把乡创涉及的所有重要问题进行呈现和归纳，主要解决精神、制度、思想、操作四个层面共二十个基本问题，这是进行研究性策划的认识论和方法论基础。

1. 五个务虚问题：性质、理念、定位、目标、机制

在乡创操盘中，人们往往直接进入项目的实践，忽视了性质、理念、定位等务虚问题。然而，务虚问题恰恰是乡村振兴的基本保障。我们深深体会到务虚是务实的必要前提，无虚则无实！

性质：乡创的性质是以民众为本的乡村振兴，不是资本大拆大建、规划改造，把村民排除在外来做生意。有的人明明做的是乡村房地产或乡村文化旅游项目，项目内容中却完全没有乡村社区建设的内容，还打着乡村振兴的旗号，其性质就不是真正的乡村振兴。乡村振兴项目可以做房地产，可以做文化旅游，但一定要回答项目性质的问题，性质确定下来，项目的操作方法和政策配套就会完全不一样。三加二读书荟在实践中探索出一条"公益 + 乡创"的乡村振兴路径，乡创必须是党建引领、公益先行、农民主体。

理念：在找项目定位之前，要理念先行，理念比定位处在更高的层次上，解决的是"我们为什么做乡创"的思想层面的问题。比如明月村在定位国际陶艺村之前，就以"安居、乐业、家园"为理念，就是要把当地民众、外来人都卷入项目中，奔着人人在此地居住安宁、工作快乐的目标去，该理念会指导后面项目的定位。

定位：为乡村找到一个定位，定位决定以后的发展方向。"找魂"就是找战略定位。安仁镇以博物馆命名便是找准了定位。有定位，怎么做都是对的；无定位，怎么做都是乱的；定位错，怎么做都是错的。

目标：项目的目标把定位具体化，即项目究竟要做成什么样的状态。做项目不仅仅是在乡村干哪件具体的事情，还要有一定的目标。把项目设定为区域性品牌、省级品牌、全国性品牌或全球性品牌等大小、等级不同的目标，有利于我们在不同的空间范围内动用不同的资源、倾注不同的力量。

机制：乡创项目出问题几乎都是机制出问题，有的与政府有矛盾，有的与村民有矛盾，都是机制没有处理好。机制是乡创项目顺利进行的基本保障，比如项目决策要有政府的常务会通过机制，项目进行中做出决定要有项目主体责任者的拍板机制。像资阳市雁江区政府常务会通过农村农业管理部门提出的产业与机构下乡、人才下乡扶持政策，成为后来晏家坝项目开展的政策保障。如果有可能，要形成会议纪要、政策文件等。

其中，定位、机制尤其关键。

2.五个务实问题：产业、集体经济、市场、社区、活动

在解决了务虚问题的前提下，再落实五个务实问题，无实则无成！

产业：乡创成功与否的关键核心在于产业，为乡村找到合适的产业很重要。首先要看当地有没有现成的产业，如果有，就尽量在现有基础上发展产业，不要凭空创造和盲目调整。如果产业结构不佳，就需要调整产业结构，升级产业体系。比如一个乡村土地肥沃，农、林、渔等传统农业资源丰富，具备一定产业基础，应当把所在地的产业优势糅合进去，着力培育支柱产业，或"农"，或"林"，或"渔"，形成自身的特色产业。在有条件的地区还可推进第一、第二、第三产业融合布局。

集体经济：在我国，集体经济是公有制经济的重要组成部分，农村集体经济实行乡镇、行政村、村民小组的三级所有，土地、林木、水利设施等为集体所有，农民盖房的宅基地为无偿划拨。乡创要特别注意乡村的集体所有制经济性质，通过不同的开发形式，与集体经济协作。有的乡村开发主体是村集体统一整合开发，那么就可以是村集体通过成立专业合作社，以自筹资金的形式，将村里闲置土地及房屋等资产流转过来，进行统一的整合开发。也有村集体与专业的旅游开发公司合作，引入外来资金，对村里的闲置资产进行统一流转、整合开发与专业运营。在资产流转方面，出租是在一定期限内，农户与承租方之间的资产使用权转移，即农户作为出租方，自愿将全部或部分资产在一定期限内的使用权出租给承租方，承租方支付农户固定的收益。

市场：在乡创中，对市场也要有敏锐的判断力和主动参与的积极性。比如，在判断项目与市场关系的时候，就要全面考察乡村的地理区位、所处经济圈、比邻的客源市场等基本状况，看该乡村是否具有优势距离、资源、市场基础，以便于以后农副产品的贸易与流通和旅游市场的开拓。

社区：社区是乡创的重要对象，社区营造是乡创不可缺少的内容。社区营造一般涉及乡村社区的环境改善、文化服务、资源整合、特色产业发展等，关键在于引导民众对社区事务的自主参与，整合民间力量来改造社区。三加二读书荟特别注重社区要素，提出"一年基础、二年社群、三年自发展"的社区营造内容，并且提出"七个三新社造工作法""两轮驱动工作法"等多种具体实践方法。

活动：乡创要靠活动来填充内容，活动之于乡创就相当于血肉之于人体。像三加二读书荟就打造了农民夜校、"四荟一营"、"少儿乡村体验英语"等多个品牌公益活动。农民夜校是进行公民教育培训，"四荟一营"的"四荟"包括朗诵荟、书画荟、手工荟、分享荟，"一营"为阅读伴成长训练营。其中，阅读伴成长训练营有阅读、体育、日记和做家务的要求。"少儿乡村体验英语"是由"孔子学院"老师结合国外教学，为培养少儿兴趣和进行素质教学设计，让少年儿童轻松学英语口语。通过这些具体的活动，操盘团队与村民建立了密切联系，乡创才得以顺利推进。

其中，产业、社区尤其重要。

3. 四个创新问题：系统、机构、概念、逻辑

无创则无立！

系统：乡村的复杂性注定了乡创是一个复杂的系统，涉及政治、经济、文化、社会、生态等各方面的活动，牵涉政府、农民、资本等各方利益。乡创的规划开发需要系统，比如在开发中保持地域、产业、生态、风貌特色，保持乡土文化的原生性、留住生产力、扩大消费吸引力、聚集人气等都是系统规划。以明月村为具体的例子，明月村的规划遵循"茶山、竹海、明月窑"，在开发中恢复了明月窑，茶山、竹海保持了明月村的生态风貌，手工

茶、雷竹笋等产业从中生发，既保持了乡土的鲜活性，又留住了生产力，扩大了消费吸引力，引进了各种文化人才，也是在"文创+"模式的引领下由传统农业衍生出新的文化形态和文化机制。因此在乡创中，三加二读书荟一般不会单独说民宿，说乡村旅游，说乡村设计，而是说系统，说产业，说内容，说路径，所以才有了用系统性思维来构建的乡创体系。

机构：要支撑一个大项目，引进机构比引进单个的人更重要。比如邛窑遗址公园项目成立国际交流中心、大师工作站、师徒制文创培训学校、文博创意研发中心等机构，引进大师团队和其他社会机构入驻。再如晏家坝项目引进三个机构：三加二读书荟、成都捌楼八号设计师社区、厚斋工作室。这三个机构为当地做事情，如果一个机构一年做 8 个活动，三个机构一年就可以做24 个活动，那么每个月就有两场活动开展，这样就把当地的活力带动起来了。如果是个人的话，力量比较小，也难以协调。因此，机构对地方发展的支持力度更大，更利于统一思想，采取一致性的行动。

概念：做项目策划时一开始可能只有散乱的想法，如果能把想法的精髓提炼出来，生成一个集中的概念，那么后续才会有创新的行动。比如在邛窑遗址公园项目策划阶段，三加二读书荟想把国外的艺术大师请进来驻场工作以吸引人气，在与其他机构的设计师进行思想碰撞时，"国际交流大师工作站"这一简要明晰的概念浮现出来，后来通过一系列操作落实为相关的实体机构。可见，把思路提炼为概念对于项目策划来说，好像点燃火把之于暗夜前行。

逻辑：要注意发现和创造各种事项之间的逻辑关系。在做项目时，有的人往往只是机械地招商引资，引入的产业与项目定位之间关系不明。引入的人才、产业、机构与项目定位之间一定要有逻辑关系，若没有逻辑关系，引入对于总体项目就没有贡献，甚至还可能产生反效果。比如邛窑遗址公园可以出租集装箱，如果租赁给做服装生意的商家，那么就与邛窑的文博、文创的项目定位毫无关系，可能导致项目的负面形象；最后该集装箱引进的是"少年派"陶艺体验馆，与邛窑的制瓷文化相符，也与邛窑的文化形象相一致。明月村定位是国际陶艺村，引入人才是与艺术相关的陶艺家、蓝染坊主、乡村设计师、作家、诗人、书法家、篆刻家以及各类手工艺人，这些都是符合明月村艺术文创产业逻辑的。因此，判断一个人才、产业、机构能否引入，一定要看它与项目定位是否有顺畅的逻辑联系。

其中，系统与逻辑尤其重要。

4. 三个把握抓手：组织、项目、节点

无抓手则无效！

组织：乡创项目是依靠人来完成的，人与人要形成组织机构这样的集合体。没有组织，有问题就找不到人来解决。其中，组织领导、执行机构、现场负责人很重要。

项目：所有的理念、定位、产业这些务实和务虚的问题都要落实成具体的项目才能推进。比如，某一机构要打造旅游产业，只是提出了一个笼统的范畴，执行者不可能把握得住，必须要转化为一个个的具体项目来支撑它，譬如建若干个民宿、若干个学校等来共同组成该产业。对操盘手来说，最重要的就是把一个个具体的项目梳理清楚。其中，项目可以分为品牌性项目、支撑性项目、发展性项目三类。品牌性项目是指引入大品牌，这些大品牌有号召力，可以提高当地的影响力和美誉度；支撑性项目是指在现实的运行中可以创收的项目，对目前当地的经济发展来说很重要；发展性项目是操盘人真正想要做的、符合理想愿景的、创造未来的项目。这三类项目在乡创中都应该有，其比例要靠操盘人根据实际情况平衡掌握。

节点：一个项目不可能无期限地做下去，操盘人对时间节点的把控非常重要，这决定了整个项目的节奏和进度。前述阿图·葛文德的《清单革命》在节点掌控方面就给了我们非常大的启示。比如一个项目先确定三年完成的大时间框架，其中又划分为若干个里程碑式的节点。到一个节点，就必须对这个阶段的工作成果进行验收，之后再开启下一个节点的工作。

其中，组织与项目尤其重要。

5. 三个实用工具：一册、一图、一表

在项目建设开始后，操盘手需要随身携带三个工具：

一本手册（根据策划与规划要点，随时记下所思所想、开会记录、待办事情提醒等）；

一张图（平面布局及项目落地图）；

一张表（项目进度表）。

三个工具随时翻看，做到心中有数。

（五）整体结构把握法

若干基本问题研究法是把乡创的若干问题摆在一个平面上来审视，四个维度研究法进一步提炼其中的要点，将这些要点放在立体的、相互联系的有机结构中（如图2-1），以便读者形成整体的、清晰的理解。

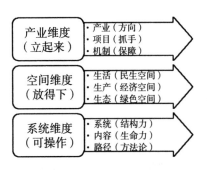

图 2-1 乡创操盘结构图

产业维度是乡创的支柱，解决"立起来"问题。其中产业是方向，项目是抓手，机制是保障。产业可以是传统优势产业加"三新产业"（新产业、新模式、新业态），项目包括品牌性项目、支撑性项目、发展性项目，机制是重中之重，关乎未来和可持续。

空间维度涉及空间布局，解决"放得下"问题。"三生"不仅是布局，还是哲学思想，构成一个平衡、协调发展的社区系统。生活空间即社区，安排村民的日常生活，关乎民生问题，常有政策支持；生产空间是产业空间、经济空间，要有前瞻性，有留白；生态空间是包含自然树林、水边绿道、边缘绿带、人造小品景观等的绿色空间。

系统维度涉及操盘方法，解决"可操作"问题。有系统才有结构力；有内容才有生命力；路径是操盘方法论，包括切入点、时序、重点等，关乎实操成败。

（六）四大抓手乡创工作法

四大抓手乡创工作法指导乡创操盘手把握社会组织、操盘人、示范项目和新社区营造这乡创四要素，缺少任何一个要素，乡创都不可能取得成功。

1. 社会组织

社会组织对应英文为 Non-Governmental Organization，直译为"非政府组织"，英文缩写 NGO。国内通常使用的类似用语还包括民间组织、非营利组织、公民社会、第三部门等，其特征被大致界定为组织性、非政府性、非营利性、自治性和志愿性。社会组织在我国已成为一股不可忽视的社会力量，在文化、艺术、教育、乡村建设、环境保护等多个领域发挥作用。

从事乡村建设的社会组织通过项目、活动等方式参与乡村治理和乡村建设过程，并在经济、政治、文化等多个方面为乡村的发展提供助力。例如文化方面，社会组织创办乡镇图书馆、文化站、活动中心，推动文化下乡，进行文化表演，主持和参与传统节庆活动等。

社区社会组织也属于乡村社会组织中的一种。社区社会组织主要由社区居民发起、成立，以社区为服务场域，以整个社区和居民作为服务对象，以处理社区问题、满足居民需求为目标，且依照规定登记。一方面，社区社会组织可代表村民参与村庄的各种公共事务，反映村民的意见、建议和利益诉求，维护村民的切身利益；另一方面，可以提供一定的公共服务产品，满足村民多样的需求。

一直以来，三加二读书荟以"公益 + 乡创"为突出特点，认为社会组织是乡创必不可少且处于先导位置的要素。三加二读书荟起源于"让更多人体会阅读的乐趣"的美好心愿，最先创办的也是读书公益组织，旨在为乡村提供更多书籍、开辟读书空间，从而丰富乡民的精神生活。读书荟操盘的项目都以公益打头，例如晏家坝项目,三加二读书荟组织了村民志愿者互助关爱团队、社区读书会团队、邻里关系调节团队、业余知识学习团队等公益队伍,建设了美术书法、文学创作、电影音乐、旅游摄影等六个兴趣小组。只有将公益性放在首位,以村民的利益为核心,着力于在地的社区营造,乡创活动才不会走偏。

2. 操盘人

"操盘手"最早出现在金融领域,指利用知识和判断力代人理财的职业人员。目前,"操盘手"已经超越了金融意义,应用到各行各业。

在乡创领域,"操盘手"与"营造师"经常混用,都指进行乡村设计、规划、开发、建设、管理等实践活动的外来组织或人员。但是,两者仍有细微的区别。从字面理解,"营造师"即具有某一专业知识的人才,多用于建筑业,指涉范围较大。2021年,中共抚州市委宣传部和北京大学文化传承与研究院等多个机构联合推出"乡创营造师计划"。此处"乡创营造师"指从事乡村景观设计和建造的人。相对而言,"操盘手"的"手"暗示了精于某种行业,有很强能动性、灵活性的人员。从其本义理解,"操盘手"突出帮助、代理这层含义,指代帮扶乡村建设的专业人才。且以"操盘"比喻乡村建设的过程,这种表述更为形象生动、接地气。

乡创行业的"操盘手"指的是利用乡村建设的经验知识和判断力为乡村创新、创意、创业事业服务的职业人员。打个比方,郎平就是排球界的"操盘手",她既有长期的排球职业运动员生涯,又具有丰富的排球执教经历,还专门研习了英语和体育管理学。因此,她不仅在技术层面懂得如何指导女排运动员的训练、调节她们的心理,而且懂得如何在中国做好体育管理工作。她向中国排球管理中心索要"管理权",创建了"中心 + 教练"的管理机制,为中国体育改革创造了鲜活的案例。更为难得的是,她极其热爱祖国和排球事业,毫无私心杂念,把自己最美好的年华都奉献给了中国排球运动。

操盘人一定要心有所系。操盘人从事乡村建设时,要始终坚持为乡村做点实事的信念,永远将乡村放进心里。只有这样,操盘人才走得长,走得远,才能将乡村打造为幸福、美好、和谐、舒适的家园。

3. 示范项目

示范项目是指在乡村建设过程中,操盘人要着力打造具有示范性、标杆性的项目。其目的在于为村民创业立标杆、做示范,为市民下乡、机构下乡做先导。这一"抓手"受到前述李景汉"标杆要立起来。标杆很重要,从低到高很难"的启发,三加二读书荟从中认识到打造示范项目的重要性和必要性,即做乡创项目要有高标准的示范案例,只有标杆立得好、立得稳,整个项目才能高标准地完成,并且在此基础上形成相对完备的一套模式,以后供自身和其他团队借鉴学习。乡村也受益于示范性项目带来的经济收益和基础设施的完善,村民也会得到更多就业和创业的机会。不仅如此,标杆会影响后续工作的执行,一旦标杆立低了,其他事项很难以高标准完成,而且事后要由低到高做改进将十分困难。

但是,示范项目具有风险性、不确定性。示范项目要因地制宜,要贴合当地的自然和人文环境,突出当地的文化特色,还要满足城市游客和当地村民的不同需求。有些示范项目,操盘人需要争取政府的帮助和补贴。

三加二读书荟为乡创研发了"五小工程"示范性项目,即乡村书馆、创客服务站、共享厨房（村民食堂）、小村文创、示范民宿。乡村可根据自己的情况整体购买或选择购买，也可以因地制宜打造自己的示范项目。

4. 新社区营造

社区营造起源于20世纪50年代末的日本"造乡运动"，经过几十年的发展演进，已成为日本解决地域、社区发展中具体问题的主要方式。

在中国，台湾的社区营造发展较早，也较为完善。强调在地化、自上而下和社区培力等理念，用以解决工业社会城市化带来的众多问题。当地一方面期望从社区出发，通过社区的环境改善、资源整合、特色产业发展，以达到社区永续经营；另一方面也希望以社区营造理念引导民众对社区事务的自主参与，并由此整合民间力量来改造社区。河北秦皇岛阿那亚社区聚焦精神产品和市场产品的设计，关注社群建设，为居民搭建和谐温暖的居住环境，提供了可供参考的社区营造案例。

四川省成都市政府也出台相关政策、投入大量扶持资金支持社会组织发展和开展城乡社区营造。中共成都市委城乡社区发展治理委员会纳入了政府序列，提出了品质社区、活力社区、美丽社区、人文社区、和谐社区五种类型的社区营造。成都涌现了一批优秀的社会营造案例。例如，成都鹭湖宫社区依托绝佳的自然环境，创建适宜的人文景观，打造了休闲度假与居住为一体的社区。

三加二读书荟的新社区营造形成于一次沈阳之行，成员们领悟到社区营造的要义在于为居民寻找安定之所，提供互动交流的平台，完善温暖适宜的环境。"三加二"的主要成员都有农村生活的经历，习惯了邻里间亲密友好的往来，在面对农村改造的问题时，他们想要留住乡村的美好记忆。在完成明月村操盘实践后，三加二读书荟总结经验,得出社区营造的关键在于打造公共空间、建立经济自组织、创办农民活动和培训场所。之后,随着三加二读书荟操盘项目数量增加,社区营造逐渐形成更加完善的体系,创造性地提出"一年基础、二年社群、三年自发展"的社区营造内容,并且提出"七个三新社造工作法""两轮驱动工作法"等多种具体实践方法,因此称为"新社区营造"。

（七）"113＋3"操盘

"113+3"乡创操盘服务是在实践中逐步形成和完善的一种第三方创新型和实操型专业服务,完整模式可概括为:党建引领、政府主导、农民与农业合作社为主体、市场化运作、专业操盘的乡创运管体系。其中,操盘人处于重要地位,负责对上联系政府,中间沟通机构,对下帮助农户,可谓是"重中之重"。一些地方政府已发出了购买操盘服务的强烈呼声。"113+3"乡创操盘服务在每个项目中,都要为当地带出三名骨干,留下三颗种子,专注于乡村振兴事业。这种"授人以渔"的方式受到了地方政府的欢迎。"113+3"乡创操盘服务是从实操出发,让策划落地。作为三加二读书荟的原创产品,"113+3"乡创操盘服务受到中国扶贫基金会与中国民生银行支持。

"113+3"操盘服务模式中的主要角色有六类,分别为一名导师、一名操盘人、三名乡创专干（包括乡村设计师、乡村社工师、乡村合作社孵化师）、三名助理。在实践过程中,导师、操盘人、乡创专干对于模式的落地实操给出意见与指导,助理则在过程中学习成长,通过理论学习与实践经验积累,最终成长为当地所需的骨干人才,保证原有的乡村规划长远稳定进行。

1. 第一个"1"：导师

"113+3"模式中，导师是整个流程的"把关人"，是"船长"，对流程进行整体上的方向把控。导师的职责包括：对定位、产业、空间、模式、机制把关；对公共性、公益性、示范性项目等进行把关和推动；对项目进度进行推动和把控；对总体效果的呈现协同相关部门进行把关；与政府分管领导沟通交换意见；定期听取操盘团队的情况汇报，对过程中的重大问题及时与分管领导沟通。

2. 第二个"1"：操盘人

操盘人是模式成功运行的核心人物，是"舵手"，负责流程中的具体落实以及协调，主要职责包括：负责与政府沟通报告项目工作；协调组织乡村设计师、乡村社工师、乡村合作社孵化师工作安排，定期向导师汇报工作情况；现场调研交通、区位、人文、产业等情况，并与当地各级部门及村两委进行沟通；协助策划人工作，参与项目的策划、规划，进行规划论证；草拟项目招引机制，协助项目招商及落地，督导项目设计和施工环节；现场协调管理。

在操盘过程中，操盘人要坚持四个原则：①平台领导下的操盘手负责制原则，明确自身关联各方的重大责任；②成果性方案通过后及时"合法化"原则。在方案制定好之后，应落实为被全体成员认同的正式方案；③操盘团队统一口径原则，即操盘手及其团队应该有明确且统一的认识，各角色的主张不能互相抵牾；④把握工作边界原则。操盘手在工作中注重区分自身职能的边界是否符合法律规定与具体规范，同时不能对服务对象的正常生产生活过多干涉，不"伸长手"，不"拿钱走"。

3."3-1"：乡村设计师

乡村设计师是模式成功运作的重要基础，是乡村的"美容师"，通过专业规划来营造乡村特色风貌。主要职责包括：对项目区内交通、区位、宅基地面积、位置、人文、自然景观、本土建材、古建、特色景观等情况进行现场调研；参与项目策划研究；制定《建设公约》，并对现场进行把控，防止现场施工与设计不符及乱搭乱建等现象发生；完成"乡村旅游地图"及"农旅融合展板"设计；指导当地村民房屋改造设计，结合项目导则提供建议意见；与设计方、施工方沟通协调，提出建议意见。

乡村设计师还要坚持"五个一"原则：①一讲，即方案与策划的关系和设计要点讲得清；②一走，即项目区情况烂熟于心；③一守，即要有防止乱挖、乱砍、乱拆、乱搭、乱建的守护意识；④一帮，即帮助指导区域民房改造；⑤一做，即对农户房屋进行改造设计等，并进行公益性收费。

此外，乡村设计师还需协助操盘人完成其他相关工作。

4."3-2"：乡村社工师

乡村社工师是模式能够平稳运行、扎实落地的地方基础，是乡村文化的"采风人"与"代言者"，主要职能包括：对项目区内村名由来、传说故事、名人、美食、风俗等情况进行现场调研；按照《三加二社区营造指南》及《三加二社区营造指南补充规定》要求制定全年社区营造工作计划并开展工作；整合当地政府、相关部门资源、资金以及社区保障资金等开展社区营造活动。此外，乡村社工师仍需协助操盘人完成其他相关工作。

5."3-3"：合作社孵化师

合作社孵化师是将"113+3"模式与本地化运营紧密联系的桥梁，是乡村规划长久稳定运作与发展的重要后勤保障。主要职责包括：对项目区内产业现状（第一、第二、第三产业）、乡村旅游资源、资产（耕地、建设用地的面积、位置）、集体资产及产业等情况进行现场调研；研究新型合作社构架并协助筹备注册乡村旅游合作社；完善合作社相关运营机制、专题研究；旅游项目开发、产品研发；引导当地村民创业就业；孵化当地合作社负责人。此外，合作社孵化师还要协助操盘人完成其他相关工作。

6. "+3"：三名助理

三名助理是实现"113+3"模式与传统乡村特色互相交融、共同发展的主要支柱，是乡村策划长期发展与平稳落地的监督者与运作人。在进行宏观规划的同时，为当地乡村的实际发展留下三颗"种子"，即由乡村设计师、乡村社工师与合作社孵化师三"师"培养出三名骨干，这是"113+3"模式中独创性的内容。在三"师"的指导下，三名助理将对当地规划的全流程进行整体参与和实地体验，从宏观、微观两方面把握模式的运作与发展。通过这种实践性学习，三名助理在政策解读、问题发掘、沟通上下、协调各方等职能方面的能力将获较大提升。另外，在三加二读书荟开办的乡创操盘人培训班上，乡村设计师助理、乡村社工师助理与合作社孵化师助理也能得到很好地培养。

（八）新社区营造

新社区营造是三加二读书荟三大品牌项目之一，也是其操盘工作最为重要的组成部分。新社区营造不仅体现了三加二读书荟对于乡村的关怀，而且也代表其设计和改造乡村的方法和途径。新社区营造的内容为"一年基础、二年社群、三年自发展"，具体实践方法为"七个三新社造工作法""两轮驱动工作法"。

1. 目标："温暖乡村、陪伴乡村、创意乡村"

在三加二读书荟看来，社区营造就是要"温暖乡村、陪伴乡村、创意乡村"。社区包含了区域和人群，形成生活共同体。在社区营造的过程中，社区要有温度，要互动，要治理，要发展，要创新。新社区营造要求留住旧社区居民相对熟悉、互相往来的亲密关系，保持中国乡土社会特有的"人情"。社区还要重新设计和修缮，改善原本颓败的社区环境；要打造新的产业，组建合作社；要调动农民的主动性和积极性。

同时，"温暖乡村、陪伴乡村、创意乡村"也是对操盘人自身的要求。三加二读书荟理解的社区营造应该是陪伴乡村再次生长的过程。通过举办丰富多彩的社区活动，三加二读书荟重新在村民间构建新的连接，加深联系，温暖了整个社区。不仅如此，三加二读书荟开展的新社区营造着力挖掘乡村原有特点，总结地方文化并融入新的特色，以创意振兴乡村。社区营造还要加上培训和孵化。乡村社区营造的目的在于形成相对稳定的社区，要让社区做到"自发展"。这要求培养新农人和新乡贤，孵化机构和经济组织，让社区自己成长。

2. 基本要求与精神要求

三加二读书荟新社区营造的总要求分为卫生、安全、方便三个基本要求，农业、乡村、家园三个精神要求。基本要求针对现实层面，解决眼前的社区如何建造的问题。社区必须满足居民最基本的需求，能够为之提供整洁舒适的、安全方便的环境。精神要求则更高一层，指向居民对于"家"的追求。村民家园的根基在于农业，在于邻里热络的交往，在于和谐友爱的社区氛围。

基于这些要求，三加二读书荟的社区营造从调查研究开始，通过走访乡村，寻找熟悉当地历史文化的人与有一定经济实力和影响力的人。借助几个关键性的人物，操盘手能够进一步了解当地的具体情况，进而在村中寻找中心地带，打造公共空间。另一方面，三加二读书荟尝试在村中寻访合伙人，发展当地特色产业，培植新的企业。这些举措环环相扣，三加二读书荟尝试在理解乡村和村民的需求基础上，在创造交流的平台、满足村民精神需求的同时，促进村庄的经济发展。

3. 新社区营造过程："一年基础、二年社群、三年自发展"

新社区营造不能够按照均匀的时间安排表来进行，因为每一个时间段的价值和作用不一样。三加二读书荟把新社区营造按年为单位来划分为三个阶段，每个阶段中又有不同任务的时间段安排，投入的人力、资源都不一样。

（1）"一年基础"与"七个三新社造工作法"

"一年基础"指的是第一年完成社区的基础营造，其关键在于"七个三新社造工作法"，即"三个人、三个月、三个组织、三种力量、三件事情、三个成果、三种变化"。前三个月无比重要，需要投入大量人力、资源，打一个攻坚战！在这个时间段内，可能花费整个社造 40% 甚至一半的经费！这期间，三加二读书荟派出一名社工师、一名社工专干、一名当地招聘的社造助理共三个人，帮助建立新型合作社经济组织、社会组织、矛盾纠纷调解组织这三个组织。聚合"村两委"力量，返乡青年力量以及退休干部、退休教师、退伍军人等新乡贤的力量，这三股力量共同推进乡村的社区营造。要完成"三件事"，即基本解决环境问题、安排农民夜校培训、举办公共活动。要寻找或改建一个工作点，完成一份全年社区营造工作计划，并创办一张社区报或黑板报，这即"三个成果"。这一年中，要看到"三种变化"：村民有笑容、有活干、有钱挣。

（2）"二年社群"与"两轮驱动工作法"

"二年社群"意味着第二年紧抓社区的社群营造，关注新村民与老村民的融合问题。该阶段以"两轮驱动工作法"为重点：一方面，调动老村民的积极性，鼓励他们创新创业，投入乡村建设事业；另一方面，吸引市民下乡，以舒适宜人的乡居留住市民，使之成为新村民，并促进新、老村民融合。只有解决社区居民融合的问题，维护社区和谐的氛围，社区营造才算真正成功。

（3）"三年自发展"

"三年自发展"表明操盘团队逐渐退出社区，让社区自主运营和发展。要做到这一点，社区需要完善自组织、自治理、自发展的体系。总体来说，三加二读书荟三年内通过发挥"新农人、新乡贤、新干部"的作用，孵化和培育当地合作社和乡村组织，使得村民能够自主协商、谋划和解决新社区营造过程中遇到的不同问题。

4. 活动举隅："四荟一营""为老人读书"等

与此同时，三加二读书荟举办了大量的活动来建立和谐的社群关系。例如"阅读伴成长"项目，包括了朗诵荟、书画荟、手工荟和分享荟等"四荟"，以及阅读伴成长训练营这"一营"，以培养学生学习、阅读和写作能力为目标，并发挥学生或其他成员的艺术特长。"为老人读书"项目旨在让老人感受温暖，不再孤独，享受阅读带来的乐趣。又如"农民夜校"，进行公民教育培训，为村民提供学习新知识的机会。再如"少儿乡村体验英语"为三加二读书荟和"孔子学院"老师共同打造的活动，请孔院老师结合外国教学经验，为少儿设计更有趣味的活动和教学内容，让少年儿童轻松学习英语口语。

（九）新型合作社孵化

操盘手要帮助乡村建立新型合作社，创造一个市场主体。新型合作社主要是以"新产业、新模式、新业态"的乡村产业而建立，在乡村传统产业之外发展"三新产业"。简而言之，新型合作社就是要做好"之前没有做过的产业"，借用当地独有的地理、文化等基础因素，引入诸如乡村食堂、民宿、停车场等新型产业，由此走出一条与传统的养猪、种果等产业合作社没有利益瓜葛，能与之并行发展的新型产业之路。

新型合作社孵化的过程中，三加二读书荟负责输出合作社运营管理模式，指导合作社建立，并通过合作社提供乡村旅游资源项目开发及运营、宣传与营销、产品生产与销售，以及有关人员与相关机构的技术培训服务。此外，合作社还将负责进行当地骨干的孵化与培养，以保证合作社长远平稳运行。

新型合作社的运营将采取"两级设社"和"三分设股"法。"两级设社"，即二级合作社（乡村经济股份合作社与专业合作社），也即资格权合作社和资金权合作社。"三分设股"，即资金由三个三分之一组成，村集体、村民、财政产业扶持资金各占三分之一。合作社运营产生的利润，入股村民、村集体各占三分之一，财政产业扶持资金产生的盈利留在村集体，继续支持村子发展。合作社聘请职业经理人经营管理。职业经理人不领合作社工资，不占合作社股份，其收益为年底利润的百分之二十。

新型合作社的运营过程中，坚持以集体经济为主体，并在此基础上发挥农民主体的补充作用，是合作社自行探索出的新实践与新体会。在"三加二"孵化的合作社中，新场文昌旅游合作社、明月乡村旅游合作社都是比较成功的案例。

（十）示范项目带动

三加二读书荟曾在北京"前门 23 号"拜访美籍华人李景汉先生，李景汉强调了标杆的重要性，"从低到高难！先把标杆立起来"。具体到乡村建设实践上，就是要"村看村，户看户，老百姓看干部，干部看示范"。无论是明月村、斜源共享小镇，还是邛窑及晏家坝，它们都打造了独树一帜的示范性项目，始终为村民创业做标杆、做示范，为市民下乡和机构下乡做先导，实践证实它们的引导与带动效果极好。

以明月村为例，三加二读书荟集中推动示范了第一家餐饮机构——明月食堂、第一家民宿——画月客栈、第一家文化项目——明月书馆、第一家创客服务机构——创客服务站。其中，创客服务站后来升级完善为乡创研究中心，为优化乡村建设布局、改善乡村环境、保留乡村灵魂等提供支持。在示范项目的引领下，明月村的新老村民信心大大提振，充分发挥主观能动性，跟进各种项目，现有经营性项目共 77 家。

示范项目以"看得见、有变化、有实体"为基本特征，操盘手通过积极的探索和实践，让项目表现既有实际效果，也让政府高兴、老百姓喜欢。这是无论研究多少问题，提炼多少方案，撰写多少报告，举办多少活动都无法达到的效果。

三加二读书荟在实践中，不断探索示范项目的种类和形式，目前形成了五小工程示范产品，包括乡村书馆、创客服务站、小村文创、共享厨房和示范民宿。它们既可以是平台公司或合作社项目，也可以是民办公助项目，或是联合经营项目，包容度大、建设率高。但是示范项目同样具有风险性、不确定性，需要政府补贴。以下结合具体案例，展示五小工程的内容：

1. 乡村书馆

乡村需要公共文化空间，公益图书馆能充分发挥涵养文化的作用。三加二读书荟成立 9 年来，创办了 16 家公益图书馆，以图书阅读为载体，立足乡村，连接城市，改良乡村的文化土壤。

新场古镇三加二读书荟

三加二读书荟利用自身资源做乡村书馆，使之兼具文化效益，成为乡村的文化中心。图书的采购和管理，需要有的放矢，结合每个乡村的现有条件和居民的实际需求来运作，比如针对不同年龄和文化层次的人群该准备什么书籍、针对乡村的产业经济该配置什么书籍都有讲究。三加二读书荟还采用流动书屋的方式，补充乡村书馆的图书资源和活动形式。

为老年人提供服务的阅读书屋

三加二读书荟的流动书屋

2. 创客服务站

创客服务站服务乡村创客，"服务性"是其性质，并不以营利为目的。创客有多样的参与形式，可以"以工换宿""以技术换宿""以题换宿"……创客服务站提供给创客、新村民等广大人群一个创新创业的入口，可以开展创业技能培训、政策咨询、项目指导等服务，帮助工作室和个人生成创意、掌握技能、实施规划，以公益的力量"温暖、陪伴和创意乡村"。

明月村创客服务站

3. 共享厨房

共享厨房又叫"村民食堂"，旨在为在乡村旅居的市民提供餐饮自助服务，让旅居市民集聚一堂，享受乡村生活。在这里，下乡市民不仅能体验自己做菜的乐趣，能自己掌控菜肴风味，还能亲身享受到自制食材的卫生安全保障，更能增加亲友之间的感情。任何人都可以约上三五亲友齐聚于共享厨房，共享佳肴、欢度假期，在劳动中找到幸福感和归属感。

明月村明月食堂

4. 小村文创

乡村从自由生长到被动生长与维护的力量是靠运营来维系的。三加二联盟在乡村振兴服务过程中，针对乡村资源进行整合，联动新老村民，以壮大集体经济组织为己任，推出乡村服务产品，针对性地管理和营销，完成乡村治理的同时提升乡村经济价值和商业价值。

小村文创开创了创系列、淘系列和空间系列。创系列旨在创想生活类产品；淘系列则通过三加二联盟的创意、设计、包装及地区差异提升其价值，实现转换；空间系列注重特色的创建，通过创意、设计、展陈等特色呈现特色店铺、场馆。

以创系列类型产品为例，创系列产品富含文化创意，包含欣赏价值和物质价值。一些脱颖而出的产品往往结合中国传统文化和当地特产而打造，突出当地优势，塑造了良好的乡村形象。例如利用邛窑三彩制陶技术制作出独特的"三彩杯"。

5.示范民宿

示范民宿紧密结合小村文创工程，典型的民宿代表是联合乡居，联合乡居创建"今是"共享小院，将公益、艺术和健康带入乡村，做成一个文创与融创的空间，为市民下乡度假搭建平台、创造条件。三加二读书荟的联合乡居服务点位众多，包括晏家坝民宿、斜源"今是"联合乡居、安仁安若小院和新场书客栈。

斜源"今是"联合乡居坐落于大邑县斜源共享小镇晒药巷47号。院落占地面积达200多平方米，建筑面积达600平方米，拥有各型房间20套，共44个床位。斜源"今是"联合乡居的房间采光很好，开窗即见青山绿水，小镇的恬静自然一览无余。公共区域配备了咖啡厅和共享厨房，用最本土的食材烹饪出最地道的乡村风味，可同时容纳60人，设有休闲区、餐饮区、多功能会议室、棋牌室、书吧等。在温暖而舒适的斜源"今是"联合乡居，下乡市民可以寻找内心的宁静，追求高品质的休闲生活。

斜源"今是"联合乡居

除了联合乡居，联合办公也在示范民宿部分举足轻重。移动办公作为 Z 时代青年（指出生在 1995 年—2010 年、深度使用网络的青年群体）的主流工作方式，助力乡村创业青年，提供一种新颖又沉静的办公体验。

另外，示范民宿积极拉动乡村体验发展，补充完善居、事、行三面一体建设模式。以陶艺为例，这类手工体验活动都要求参与者全身心投入，动手实践，设计并完成属于自己的手工艺品，非常考验参与者的动手能力、创造思维和合作能力。在明月国际陶艺村，村民们依托良好的生态环境及陶艺手工艺传统，引进乡村旅游和文化创意项目及艺术家、文旅创客，形成以陶艺手工艺为特色的文创项目聚落和文旅创客，实现多元互融、共同进步。

学生利用植物制作手绘作品

陶艺家正在制作陶艺作品

以上较为成熟的五小工程示范产品项目都是根据乡村条件，合理化发展和孵化的项目，旨在为乡村赋能。在其他可拓展的领域，如乡愁馆、美术馆等也可以进一步因地制宜地创造。示范项目不限于"五小工程"，在这些项目的基础上可以减少、置换、扩展，成为"N 小工程"。

（十一）乡村运营管理

乡村运营管理是为乡村赋能的新业态，需要实现专业机构运管或孵化培育合作社进行专业运管。作为乡村建设不可或缺的一部分，乡村运营管理受到政府和乡村的欢迎。

但是乡村运营管理也是普遍性的难点和痛点。全国范围内，浙江正在进行市场化的乡村运营管理。通过考察学习，三加二读书荟发现，一要保持乡村赋能的初衷，以孵化合作社做乡村运营管理为主；二要体现专业协作，以独立运管或联合运管为辅、以专业保底。

三加二读书荟进行"一拖三"式的乡村运营管理：第一，管理自己在乡村的基地和示范项目，比如"三加二"在各个乡村要管理自己的联合乡居和联合办公项目；第二，管理新村民托管的经营项目；第三，乡村一起共同孵化、管理村属的可经营性资产项目。第三点具体来说，可以与乡村一起研发文创产品，比如说"三加二"与明月村一起研发雷竹笋罐头，做小村文创；也可以开发乡村旅游项目，比如把微度假产品品牌化；还可以承接乡村的社区营造，或者指导乡村运营管理公司来做社群建设和社区治理。

从管理形式来说，它可以是独立运营管理模式，就是说由于乡村自身管理能力或信心不足，由操盘手团队或乡村运营管理公司来独立经营项目；也可以是一种陪伴式运营管理模式，由操盘手团队研发各种乡创项目，陪伴乡村进行孵化，完成赋能；完成赋能之后就是乡村的独立运营，这时乡村自身能力已经大大增强，学会了一整套运营管理方式，操盘手团队就此退出。

目前三加二读书荟在资阳市晏家坝村以一年为期，开展对合作社乡村运营管理的孵化服务，将停车场、观光车、游客服务中心、卫生和物业管理、伴手礼开发等都纳入工作内容。虽然这项业务既琐碎又有难度，但其前途光明、意义重大，可谓是乡村振兴的朝阳产业，也是合作社或集体经济的新产业、新业态、新增长点。

（十二）乡创操盘解码

三加二读书荟在实践中总结了乡创操盘解码九要诀：

1. 一个使命：为乡村赋能。

2. 二条路径：公益 + 乡创。

3. 三大原则：权力不任性、资本不任性、农民不任性。

4. 四大抓手：社会组织 + 操盘人 + 示范项目 + 回乡返乡。

5. 五个下乡：公益下乡、人才下乡、项目下乡、市民下乡、金融下乡。

6. 六大重点：定位、产业、机制、系统、内容、路径。

7. 七大次序：基础设施、公共项目、公益项目、示范项目、农民创业、机构入驻、市场项目。

8. 八大闭环：研究性策划、乡建设计、乡村实用人才培训、"113+3"操盘服务、示范项目（五小工程）、新社区营造、新型合作社孵化、乡村运营管理。

9. 九保时间：每个村庄项目合理期限不低于 3 年。

第三部分　操盘案例精选

　　这部分我们精选了三加二读书荟操盘的三个典型案例进行介绍。这三个案例既能反映"三加二"操盘体系从萌芽到成熟的过程，又能普遍体现操盘团队各种角色的职能和技巧，还分别代表三种不同类型的操盘项目，给人不同的经验启示。其中，成都市蒲江县甘溪镇明月村是"三加二"较早进行策划和操盘的乡村，项目周期完整，整体运行顺利，突出的特点是新村民和在地农民两股力量均得到良好的培育，实现了"农民创业"和"市民下乡"的完美结合。资阳市雁江区保和镇晏家坝村则是正在建设中的乡村，突出体现了"党建引领"的乡村振兴原则，该案例也凸显出操盘人在操盘中应如何弥补乡村建设主体的各种缺陷。云南省大理白族自治州弥渡县古城村是西南贫困地区的代表性村落，其乡村振兴实践体现出社会主义制度下"东西部对口帮扶"政策的优越性、乡村振兴坚持农民主体地位的重要性，同时也反映出机制缺乏、地方政策变动给乡建带来的不稳定因素。

　　该部分以访谈问答的形式来呈现。访谈者是四川大学学术团队，以学术思考为基础，发现乡创中的关键矛盾，有针对性地提出问题，体现第三方的客观性。访谈对象是三个案例的操盘团队成员，覆盖"113+3"操盘模型中的导师、操盘人、乡村设计师、乡村社工师、乡村合作社孵化师和乡创助理，部分访谈对象还涉及村干部。以问答的形式呈现，一方面有利于全面、深度呈现案例操盘过程和相关人员真实的行为与观点，另一方面也便于读者轻松阅读和理解。

一、明月村案例

访谈对象情况表

编号	类型	人物	性别	身份	访谈主题
A1	三加二读书荟操盘手团队	徐耘	男	导师、操盘手	项目整体规划、操盘情况
A2		陈奇	女	项目推进工作组组长	项目具体操盘情况
A3		梁冰	男	设计师	空间布局规划、景观和房屋设计
A4		邓淙源	男	社工师	社区营造过程
A5		双丽	女	合作社孵化师	合作社孵化过程、后续社区营造
B1	返乡青年	唐小帅	男	乡创助理	助理工作、操盘过程中的成长

（一）导师、操盘手徐耘访谈

访谈时间：2021 年 12 月 16 日

访谈地点：成都市大邑县新场镇三加二读书荟

访谈对象：徐耘（以下简称徐）

访谈人：李彦霖、邱硕（以下简称李、邱）

李：徐老师好，在"三加二"进入明月村之前，明月村原来的情况是怎样的？

徐：2013 年之前，明月村的产业是纯粹的传统农业，主要的粮食作物是水稻，经济作物是蔬菜，它是成都市的市级贫困村。成都市政协帮助明月村引进了雷竹，雷竹、茶的生产使明月村于 2013 年脱贫。我们进去后，没有动农业产业，只在这个基础上创造新产业，即"农业 +"，比如"农业 + 文创陶艺"等新业态。以前明月村一直有烧窑的历史，不过烧的是普通的 2 毛钱左右一个的陶碗。我们创造性地添加文创因素后，陶制品的价钱就变成几百元一个，甚至上千、上万元一个。也就是说，利用明月村本身悠久的传统工艺，加上设计师创造性研发，明月村就有了新的产业方向。这产生的影响很大，第一，很多新居民来消费了，明月村大幅度增收；第二，村庄变得更美了；第三，从此村庄有了第三产业，以前村子没有一家民宿、参观体验点，但现在有几十家产业。

邱：当时为什么选明月村？

徐：没选过。是因为一个文创人士叫李敏，想找个地方安安心心、清清静静地做陶艺工坊、搞创作。当时找到邛崃市，但是邛崃市没接纳她，于是她继续寻找合适的地方，看上了蒲江明月村的窑，蒲江县允许她在那里做项目，而当时我任蒲江县政协主席，组织上让我负责对接这个项目。所以不是我们选择了明月村，而是机缘造就了明月村。

李：当时明月村有没有一些基础资源优势呢？

徐：没有，明月村的优势都是自己创造出来的。它是成都市最边缘的一个村，没有占优势的自然资源，我们进驻的那一年甚至连水沟都没有。单纯是因为李敏看上了老窑，恰巧撬动了明月村的乡村建设。不是村子本身条件好，而是人的力量和人的作用促成了明月村的横空出世。可以说，如果明月村能成功，那么很多村庄都能成功。

李：当时村子有没有基本的基础设施条件？

徐：有的。整个蒲江在全国的农业都做得很好，它的农业产业化高，茶、猕猴桃等做得非常棒。所以蒲江的任何村子都不缺水、电，自来水基本上百分百覆盖，任何村子的路都好。但这些都不是优势，优势还是因为有理念和机制。

李：当时明月村有没有形成一定的功能区域划分？

徐：规划解决了空间功能区分问题，当时就保留了几个空间。第一，保留生态空间，8.8千米围村环线是原来的环线。环线基础好，有生态保护区，这是保留的、不能搞建设的；第二，农业生产空间是不能动的，也就是保护茶山、竹海、明月窑，这些地方也是不能搞建设的；第三，保留发展空间。此外，明月村原创的设计是文创产业园区，在187亩地上有14个项目，这是后面操盘都要学习的原创创意。具体来说，就是把住房、产业、教育基地结合在一起，共同实施项目，构成明月村的文创产业园区。另外，在明月村的布局上，还有谌塝塝和瓦窑山两个区域，是专门留给农民和在地人才的创业园区，如今是最热闹的区域。

所以明月村的区域划分是有原则的，村子本身有的东西全数保留，没有的就向城市招标。如此一来，明月村的农业还是农业，历史文化依旧保护下来，并且也有新村民可以施展才华的创业区。

另外，村庄规划中还充分保留了三个农民集中居住安置区，分别是新修的区域、老的河塘边聚集区和村口。这三个安置区不仅整合本村村民，还吸引外村村民来这里居住，带动了周边村子的发展。外村村民有到明月村来就业的，也有到明月村来集中居住的，这是蒲江县做得好的地方。

总的来说，我们看到村落的布局是合理的。在农村，生活和居家创业结合在一起了，有老村民的生产空间和生活空间，又有新村民聚集而生成的文创空间，这个格局是适合村子长期发展的。所以，这就产生了乡村建设的两个概念："四生"和"产村一体"。"四生"就是生产、生活、生态和生意。其中，生意是创造性的、新的"一生"。所谓"产村一体"，是新乡村概念，即村子既是居住的，也是经营性的。

李：项目组织利用当地老村民的院落进行租赁，具体产生了什么价值呢？

徐：新村民租老房子来改造，给新老村民都带来了利益。一方面，对老村民来说，不仅得到了房屋租金，而且修好了破败的老房子。根据合同，10年、15年或者20年之后房子又还给了老村民，这就盘活了房产资源。另一方面，对新村民来说，改造房子，政府会有一些补贴，而且获得了创造商业价值的地方。这个租来的房子不允许纯粹用来居住，而是给某个行当的老师、省市的文创界代表人士与团体、本身做产品生产的人作工房来使用。所以一个房子就是一个工房，这充分盘活了农民破的、闲置的房子。

李：三加二读书荟是如何进入明月村的？

徐：应蒲江县政府的要求，三加二读书荟进入明月村做社区营造和合作社孵化。"三加二"最早进驻石头房子，将石头房子建设成为明月村的文化中心。后来农民夜校也开展起来。最早"三加二"的志愿者有陈奇、双丽和邓渟源等，后来参与进来的人则更多。"三加二"不仅投入丰富的人力资源去推进明月村建设，还和蒲江县政府创造性地成立了民政注册的蒲江三加二读书荟。现在三加二读书荟是国家最高级别 AAAAA 级社会组织，希望在乡村建设实践中贯彻"公益 + 乡创"的模式。

李："公益 + 乡创"是"三加二"在明月村的实践过程中总结的吗？

徐：是最早的萌芽。我们做乡村振兴的过程中，发现社会组织是乡创的标配。乡创不能以市场为目的，而是需要情怀的。三加二读书荟在明月村操盘的过程中，最不一样的地方在于"党建引领，政府主导""公益先行，文创撬动"的思路。"公益先行"是指公益先到乡村去，比如三加二读书荟进驻明月村，为的是去做社区营造，通过明月夜校培训农民，通过朗诵荟、书画荟、手工荟、分享荟和阅读伴成长训练营这"四荟一营"带领农民的小孩学习书画、唱歌等，还举办明月讲堂。另外，四川省建筑设计院、上海香乡和三加二读书荟共同成立了明月乡村研究社，一是为了把明月讲堂和社区活动组织起来，二是希望可以进行持续的乡村研究。这样，渐渐地，农民会觉得组织活动的人是做好事的人，这就是公益组织的力量。如果是公司去做活动，农民有可能就会认为是公司来做生意了。总之，在乡村振兴过程中，要发挥公益组织即社会组织的作用，建立与农民的联系。

李：刚开始老村民的参与度是怎么样的？

徐：刚开始你想都想不到，在那样的乡村里边，农民的积极性很高。特别是我们打品牌的明月讲堂，基本上每一堂课都有村民来听，也有其他很多区、市、县的人来参加。你看，现在成都有很多设计师都在提明月讲堂。

李：讲堂是通过网络传播的吗？还是口口相传？

徐：基本上是口口相传，当然有一些新村民会新媒体运营，这也起到部分宣传作用。另外，我们会邀请全国各地很多名人来主讲，这些名人自带吸引力。比如我们请到过台北市一位女性副市长、台北市文化局局长李永萍来做讲座。如果说明月讲堂是讲品牌，那么农民夜校就是讲实用性，比如讲开餐馆的注意事项、如何改造房子等，所以农民都愿意来听。我们发现当主讲内容和农民自身的生产生活息息相关的时候，他们就很愿意听，但是专家讲一般效果都不好，所以都是由我们来给农民讲。总之，偏专业性的、专家主讲的就在明月讲堂讲，跟农民相关性高的内容就主要是在明月夜校讲。有些老村民，我不敢说他听得懂，但是一到晚上他们就想去参加活动，晚上7点钟听讲座就变成了他们的生活常态。

李：对于他们来说这是新生活的一个入口吧？

徐：因为他们觉得这些人来主讲，对他们有帮助，所以他们愿意参加。明月夜校讲要挣钱、要做事、要相处，他们都感兴趣。甚至连篆刻班，当地都有很多农民报名。农民认为自己做的印章可以拿去卖，所以愿意来。篆刻老师是新村民，有一个园子叫"明月轩"，除了招收外面的学工，他还给农民免费开设篆刻授课班。他对农民唯一的要求就是要认真听课与学习，最后他还带了一些农民徒弟。对于这些新鲜事物，有些年轻的或想学的农民就会跟进。那些农民在田里做完农活，背着背篓就到博物馆去看高雅的篆刻了。农民敢于跨入多样的文化领域，参与高端的文化活动，我想这是很好的。总之，这无关农民懂与不懂，而是涉及农民接受新事物的心态。

李："安居、乐业、家园"的理念在那个时候明月村就已经形成了吗？

徐：我们进去的第一天就提出要做安居乐业家园。有的新村民说就是冲着这个理念来的。所以理念很重要。有记者采访我，问明月村是不是文化村，我说不是；问是不是旅游村，我说也不是，而是安居乐业的美好家园。其他人总是想用各种各样的词语来定位村子，但是我们是希望做一个社区，让大家有归属感，让每个人都有精神家园。在这种理念下，我们连续成功做了几个地方，包括省委书记表彰的斜源共享社区。总之，当带着功利的目标做事情时，就会遇到利益的纷争甚至对抗，最后效果不好。当目标真正高远时，反而能成就一个地方。这样的理念下生成的新村庄不同于城市那种快节奏的发展模式，吸引的人也大多数都是对美好生活有梦想的人。第一批来明月村的人基本上都是没有生活压力的人，他们有情怀、有本钱、有影响，希望在乡村能有个地方寄托自己新型的双栖生活方式。这些人很大部分的社会活动可能安排在乡村，他们就穿梭在城市和乡村之间，这可能是将来很多人的生活方式、工作状态。

李：会不会有专门只想挣钱的人跑到那个地方去？

徐：也有可能，但这种人容易碰壁。当你的目标只是挣钱的时候，不一定能够挣到。目前就新老村民的创业情况来看，老村民的项目比新村民的多，是因为老村民利用自己的老房子，生活和生意融为一体，这样经营成本低，好挣钱。城里来的人是租人家房子，还要装修，并且要给雇的人发工资，导致成本很高，如果没有生意源的保障，他心里会发慌。而农民没有这么多担忧，所以你看，真正的乡村振兴，农民的力量才是强大的。

邱：选择与引进新村民是靠领导和志愿者的人脉吗？

徐：首先，村庄的定位要明确。明月村的定位是以陶艺为主的文创产业，所以我们就要针对这个定位，通过各种方式去招募人、邀请人。比如通过有关部门、组织的人去找寻，像李清就是如此被引进的。而像宁远那样优秀的新村民，是我邀请她来，她刚好也喜欢上这里。而赵晓钧，是陈奇在参加论坛时把他约到村子看了看，他就突然觉得这是他理想的乡土。总之，有很多这样的巧合。这些人的影响力很大，他们的进驻就像滚雪球一样，吸引了很多后来的人。再比如说李清泉，为了引进他，我亲自给他选址，这就属于精准招人、精准招商。在这之后，明月村已经有自己的吸引力了，再入驻的新村民我们就不管了。所以说，不是因为村子条件好，而是当时我们操盘做到了"精准引领"。

李：187 亩国有建设用地有没有对人们起到吸引作用？

徐：我们进驻明月村的时候，都不知道有这个地，不知道会有这个指标。我们第一次做规划的时候也没人跟我们说过，是中途刚好来了土地资源，我们便把它做成文创产业园区。以前主要是利用和盘活农民的房子，所以说不是先有地、房子才能开始做乡村建设，而是要带着农民做，用农民现在的房子来做。文创产业园区是靠地，但是即使没有这块地，新村民也会聚集在更多租用的农民房子中，可能在未来也会遇到新的机会、遇到国家给你配备的资源。所以，操盘的基础不是因为地，而是因为"要去做"，做了才有条件来加持。像结婚，现在年轻人要先有房子和车子才结婚，但我们那个时候，就是先结婚再打拼房子，明月村的情况和我们那个年代的情况是一样的。

李：新老村民会不会产生一些矛盾呢？

徐：没有矛盾。到现在为止，没有发生一次吵架或打架的情况。关键是新老村民经营的生意是错位的。比如新村民开的店档次高、收费也高，而中低档的店都是老村民开的，但是现在生意最好的一家民宿还是老村民经营的。因为他们自己有房子，又改造得比较好，且收费没有新村民高，像餐饮，宁远的餐饮收费大概 100 元到 200 元一位，而村民是 20 元到 30 元，所以他们吸引的人群就不一样。旅游团体一般都到老村民那里去；高端一些的个人一般就找新村民。这是天然的分流，有些矛盾由市场帮忙就调解了。再比如说卖橙子，都是老村民在做，新村民没办法做这些买卖。还有合作社代表农民利益，凡是推出项目，合作社优先做选择，比如观光车、游览车、讲解等项目都是垄断性地拿给农民。

邱：这个是你们定下的规矩？

徐：是我们定下的，同等条件下这种观光车的项目都是交给合作社的。

李：这算不算对老村民的保护呢？

徐：在做项目的时候，要考虑区域发展给农民带来了什么，思考新机构和新村民进去会不会为这个地方增光添彩，会带来什么好处。因为新村民在文化等方面的条件都比老村民好一些，所以，凡是老村民能够很快学会的事务，就交给老村民做。你说这是保护也可以，你说这是同理心也可以，总之这是我们定下的基本原则。

李：如果从 2013 年算起的话，明月村的营造到现在已经 8 年了，这 8 年中老村民对于其他人进入村子有没有不愿意的想法？

徐：他们非常愿意。为啥？以前他们从来没有庄稼之外的收入，现在他们每个人都可能有庄稼之外的收入，比如说他到公路边卖点橙子，或者摆个摊卖两杯茶，都有收入。所以老村民是希望新村民去、怕新村民不去。这些想法和行为是利益决定的。甚至老村民还会改变自己去适应环境，比如爱卫生等。

李："三加二"会培养乡村的内生力量，这个内生力量怎么去理解？"三加二"是怎么做的？

徐：这指的是老村民。一，通过举办农民夜校来帮助当地村民学习进步；二，返乡大学生创业的时候，会受到政策的支持。比如彭双英从广州学裁缝回来以后，免费到宁远那里学习扎染；

还有丑柑少年江维是村委会的成员；现在的村主任也是返乡青年。总之，他们都走上岗位了。还有合作社中，除了双丽，基本上都是本村人，他们大多都是大学生，这证明乡村建设有吸引力。他们是在参与乡村建设的过程当中得到了培养，然后又变成了自己村子里面的一种新力量来建设乡村。比如，做得最好的一家民宿的主人曾经在城里面工作，因为怀孕了回到村庄生孩子，生育后就决定不去上班了，而是在村庄经营自己的民宿。一方面她挣了钱，另一方面她又享受了生活，同时还养育了孩子，她一胎生了生二胎，生活很好。

邱：很多来自城里的人要长期住在这里，那么孩子的教育是一个很大的问题。

徐：甘溪镇本身就有中学，如果父亲骑自行车送孩子的话，几分钟就到了，走路也可以直接到达。新村民夏莉莉的娃娃就在那里读书。新村民当中有人直接在房子里面办自然教育，还组织培训。另外，三加二读书荟主办的书画班都接收农民孩子来学习。这些实际上对当地的教育是很有带动作用的。我曾开玩笑说，你们这些孩子好幸福，在城里都未必能遇见这些学习机会，你看国家级书法协会的老师来教你们写字。

李：您认为现在明月村的发展态势如何？明月村未来的走势可能会如何？

徐：我们不能陪伴一个村庄一辈子，未来要靠他们自己。像你的妈妈把你教育好之后，就要靠你自己发展了。我曾考虑推动建设一个明月乡创学院，就是希望有这样的力量来研究、引导村庄，培育和陪伴乡村，但是没有做起来，实际上明月村到今天也缺乏这样一个引领机构，仍然只是利用自己分散的力量在发展，所以目前明月村最大问题是缺乏一个政府相信的、市场接受的机构来统率。统率本应该是乡镇，但目前还没有一股子力量来统筹规划；而合作社还有经济任务，没有能力来承担；新村民有能力，但没有人来组织。

我希望把新村民全部联合起来，把村庄办成一个类似大学的机构。村庄本身有很强大的知识分子力量，可以利用村庄的人力资源来发展很多专业，可以邀请新村民去上课，比如邀请宁远教服装设计，邀请夏莉莉组织自然教育，或者像我们这样培养乡创操盘人，还可以教学徒。这个机构具有研究的责任、对外交流的责任、培训内部和外部人员的责任。成立这个机构不容易，还是没有做成。但这个机构应当有，政府应当支持。

（二）项目推进工作组组长陈奇访谈

访谈时间：2022 年 1 月 4 日
访谈地点：成都市蒲江县明月村
访谈对象：陈奇（以下简称陈）
访谈人：李彦霖（以下简称李）

李：您是什么时候、因什么机缘进入明月村的？

陈：我是在 2014 年 12 月中旬进入明月村开始工作的。这个因缘是在 2014 年 4 月份时我参加了三加二读书荟成立两周年的活动。当时活动地点就在明月村刚修复好还没有正式对外开放的明月窑。老窑旁边有一个棚子，我们二十几个人就是在那个棚子里喝茶、开会、聊天，讨论读书荟的发展问题，也谈到乡村。那是我第一次来明月村，我觉得这个村庄的竹林、茶园特别漂亮，4月整个村庄飘荡的柚子花香也让人感到非常舒服。我记得当时在长长的木头桌上，每个人面前有一杯茶，茶杯里有两三片本地采摘的茶叶，陶杯也是本地窑烧制出的，这一切都很好，非常具有在地性。开完会以后，我们还在明月窑吃了当地具有特色的"九小碗"。"九小碗"是烧制的陶碗里面装着各种各样的素食，有豆腐干儿、蔬菜等，每人一份，九个碟子，主食是由新鲜绿茶叶煮的粥，非常清香。

我那时在成都市区工作，主要做商业地产策划以及活动策划。我那天对明月村有深刻的印象，活动结束后回到成都我还写了诗，写到明月村的自然之美、器皿之美、素食之美。后来的半年里我一直关注明月村，也在网络上搜索村庄是否需要招人，我感受到这个村庄也许可以带来另外一种工作方式——在村子里，在自然环境里做创意策划。在 2014 年国庆节之前，蒲江县政协徐耘主席给我打电话说聊一聊明月村。他说明月村要带动村民发展文化旅游、乡村旅游，问我是否愿意参与这项工作。徐耘主席当时说让我当顾问，一个星期来一次，工作一天。我说我可以回到家乡，全职做这个事情。后来经徐耘主席引荐，我作为蒲江县高素质、高学历人才引进，并在蒲江县城建投公司任副总经理，负责明月村这个项目。在 2014 年 12 月，我就来到了明月村工作。

李：当时村庄是什么情况？

陈：明月村当时只有明月窑，没有其他文创项目。那时候明月村的茶叶和水稻更多一点，现在柑橘和猕猴桃更多一些；以前村里几乎看不到水系，现在有顺着水流可以散步几千米的凉山渠绿道；以前没有餐饮、住宿等业态，现在有民宿、餐饮、农家乐、咖啡馆；以前没有公厕，现在有公厕和停车场。大的大地景观和最开始来时差不多，比较好的保留了茶山、竹海；经济还是以农业种植为主。现在开车走在明月村的环线上，其实和 2014 年 12

月开车走在这个村子里差不多，只是道路更好了，有了不少指路牌。

李：通过调研，您对明月村一定相当了解了，那么村子内熟悉当地历史文化、有经济实力与影响力的关键人物是哪几位呢？你们平时如何合作的呢？

陈：在工作过程中，有人会带我们去看老旧的明月寺，讲明月寺的修建历史，谈到明代时修明月寺的解家后人现在仍住在离明月寺遗址1千米的地方。我们去拜访这家人，那位先生就展示了一个他们祖上的绣花腰带，后来也挖掘了一些文化方面的内容。我记得当时也有一些新村民和原住民提建议修复明月寺，后来作罢。如果我们有特别好的朋友来明月村，有时也会带朋友去看一下明月寺遗址。这个遗址比较破败，有一种历史感，是历史的小碎片，有村民会去烧香。

民间陶艺家张崇明大爷、郭德平手艺娴熟，做陶四十年以上，在明月窑的修复过程、陶器的制作及技术传承方面都起到了积极的作用。

居住在谌塝塝的杨安明是一位民间建筑师，对村庄的规划发展、乡土建筑有很多思考，在发展过程中经常参与明月讲堂，与嘉宾互动和发言。他来找过我好几次探讨村庄发展的未来，其中不少观念对我的工作也起到了很好的启发（详见奇村长公众号文章《你理想中未来的明月村是什么样子》《杨大哥的美丽家园》）。

返乡种植生态柑橘的青年江维对村庄的历史文化比较熟悉也比较感兴趣，他带我及好几位新村民去看明月寺遗址，并带甘溪镇政府领导、村委会干部、新村民、我一起去走凉山渠水系，大家一起规划出水系整理线路。

李：您是如何落实明月村的项目方案的呢？

陈：我一边引入项目、推进项目建设，一边在微信朋友圈里宣传推广明月村。那时朋友圈的作用还挺大的，通过朋友圈吸引其他人来明月村，来的人再通过发朋友圈也会吸引他身边的人，所以就有越来越多的人来探访明月村。这是一种比较自发的自媒体现象，2016年有新村民将之戏称为"明月村朋友圈造村运动"。后来，自媒体发酵吸引了众多主流媒体来报道。

明月村的总体规划实际上在我们进来之前已经开始。2012年年底，明月村明月窑的修复正在进行中，2013年、2014年也做了方案和策划，规划一直都有。2015年1月开始，陆陆续续来了一批新村民，因为合适的人，比如宁远、李清等通过他们自己的公众号、微信和微博吸引了很多文艺青年聚集到这个地方办活动，而引起了很多关注。举个例子，2015年1月时，县委县政府开会的时候还指出明月村最关键的是引入项目，并定下指标，要求我们这一年要引入两个项目。很快，就在1月我们就引进了宁远和李清，当时就吸引了众多目光，结果2015年总计引进了27个项目。李清是陶艺家，他到明月村做蜀山窑陶艺项目。宁远租下罗大爷家的老房子改造为具有文艺气质的草木染工房，又在村里给村民进行公益草木染培训，带动了四五个染坊的开设和发展。宁远提升了明月村在青年群体中广泛的关注度，并带来了阿野、熊英、郭月、杨谯、夏莉莉等新村民。

2015年到2017年则是陆续引入民宿项目。2015年的27个项目中还有一个篆刻项目。篆刻老师是李清的好朋友，是他推荐李清到明月村来的。篆刻老师以前是成都市文广新局文博处的处长，他快要退休了，来到明月村也感觉这里很不错，就在村里做了明月轩篆刻艺术博物馆。

在工作实践之中，我们慢慢总结并归纳出乡村的发展模式和工作方法。随后，2019年、2020年、2021年，我们才逐渐把这些方法、路径移用到其他地方，并结合当地实际灵活运用，比如运用在河南、重庆的项目上。

李：当时您每天的工作内容大概是什么呢？

陈：我的工作内容有项目引入、规划设计对接、项目建设落地协调、接待客人、村庄品牌建设与宣传等。

我会采写文章，编辑发布公众号；策划组织活动等。我每天还会接待不同的人，这些来访的游客，有些是宁远和李清吸引过来的朋友，还有很多人是从朋友圈以及公众号上了解到明月村的访客，后来就有媒体以及各个高校的参观者，我们还有一些工作是接待政府来访。

李：项目团队成员是如何分工和协作的呢？

陈：2014年12月中旬，明月国际陶艺村项目推进工作组成立，来到明月村开始工作，小组成员有我、周睿和王敏。我们各自有分工，周睿对接政府的水、电、气等基础工程；王敏负责政府方面的接待与协调关系；我负责引入项目、规划设计对接、宣传等。前期设计师梁冰老师进行了大量设计工作，包括谌塝塝林盘环境整治提升、明月环线景观提升设计，免费帮宁远设计"远远的阳光房"草木染工房。梁老师的设计方案完成后会先给我们看，也会给村民们宣讲改造的设计，还会跟进施工队做驻场工作、现场沟通，所以整个环节把控得很好。在当时的工作环境里，大家互相信任，形成良好的合作方式，因此工作效率也比较高。2015年7月，李华加入项目组，负责明月讲堂、明月夜校等文化活动的开展，文化自组织的培育，兼任明月书馆馆长。2017年7月，摄影师李耀加入明月乡村研究社（2016年成立，与项目组协同工作，主要负责文化与品牌研究和建设），负责村庄的日常拍摄、品牌建设、展览与对外文化交流，负责明月村原创诗歌集《明月集》的统稿、主编《明月村》杂志。

我和邓淙源都是三加二读书荟的成员，当时我们都配合着做社区营造，再加上三加二读书荟从一开始也参与了明月村的建设，比如办活动、组织明月书馆和明月讲堂等，都是我们项目组和三加二读书荟一起联办的。

2018 年 12 月份项目工作组解散。2019 年，明月乡村研究社继续为明月村做了一年的文化服务，办明月讲堂、完成公众号采编发布、编写明月村的杂志、组织学术交流活动。2020 年、2021 年，我在河南、重庆等地做乡村振兴相关工作，没有继续参与明月村运营管理等工作了。但我自己家的民宿在这里，所以也会有联结，每一年会来好几次。

李：在项目操盘过程中，是如何与村主任吴俊江交流合作的？

陈：我们在工作上各自有分工，但肯定也有交叉。村委会主要负责村里常态管理工作。我们主要负责引进新村民，村委会则负责寻找合适的院子并与村民谈租赁。在村庄对外展览、集体性文化品牌活动中，都会协作完成。我们分工比较明确，交流畅通，合作愉快。

李：您觉得操盘是怎样的概念？

陈：我觉得操盘是指基于乡村本底和资源给乡村发展一个定位，在乡村发展过程中做比较全面的统筹协调。从项目的策划、规划、设计开始，到政策制定、引入项目、项目建设、运营与建设、品牌建设和产业发展，总之在整个过程做系统协调。

李：在项目操盘过程中，以什么原则引进项目？

陈：首先是理念和价值观要契合。我们会和每个项目业主沟通，了解他们对乡村的看法、对当地村民的认知。也会考量项目的内容、风格与村庄规划是否一致，对村庄发展是否具有带动性，以及项目业主的运营能力。

李：2014 年 12 月您成为项目推进工作组的组长，有没有提出一些新的想法呢？

陈：我觉得我做的都是很日常的工作内容，在不同的阶段需要做什么事情就做什么工作。我记得我号召发起过一个线上销售雷竹笋的活动，村委会、合作社共同参与。2018 年那时的情况很紧急，那一年的笋子销量不好，竹子被砍掉很多。所以基于尽可能多地保留竹子的想法，大家一起卖笋子。三加二读书荟当时就买了很多份。

李：乡村建设过程当中有没有遇到过什么困难？

陈：我觉得没有遇到特别大的困难。乡村建设本来就是一个过程，在不同的过程里面存在暂时不能解决的问题，我觉得是很正常的并且能够去接受它们。我的公众号"奇村长"写了挺多建设过程发生的故事，记录着乡村部分问题的解决。那时候基本上每个月我会更新两三篇文章。当时的写作目的是分享工作过程，有一些文章是为了答疑，有些朋友对于村子有一些共同的问题，我会阶段性针对大家比较集中关注的问题写文章答疑。同时，我也记录跟这个村子有关的人。

李：您不仅是乡村建设的一分子，也在乡村开了一家民宿。身份复杂化对您的工作有什么改变吗？

陈：我家的民宿是 2015 年底开始设计，2016 年 4 月份开工，2016 年 9 月份开业，民宿有两个本村的服务人员，主要是我先生在负责经营，对我的工作没有什么改变。

李：您当时用过明月村的平面布局图和项目进度表吗？

陈：最开始在引入项目的时候，三个人的项目小组要兼顾很多事情，所以用一张普通 A4 纸彩打的规划地图几乎就把项目引入工作完成了。我以前在比较大型的国企做项目时，要先准备招商手册以及很多的材料，之后才去引进项目，但是在明月村，我们竟然就用一张 A4 纸就把这个事情搞定了。2015 年 1 月我们制定了项目 3~5 年的工作进度计划，基本是按照这个计划推进的。

李：当地村民的观念和想法有没有发生什么变化？

陈：有变化。比如 2015 年上半年时，梁冰老师为一户村民的房子做了设计，并鼓励村民开农家乐，但他们家当时都不愿意，因为之前几乎没有人来明月村旅游，所以担心自己开农家乐会没有人来。但是你看现在村民开的农家乐有二十几家了，品质也很不错，村民们也会请设计师来设计自己家的房子，他们在审美、植物搭配等方面都有提升。

李：村民们的幸福感在乡村建设前后有明显的变化吗？

陈：乡村建设中，文化建设是重要的部分，村里有了很好的图书馆、展厅，经常举办丰富多彩的文化活动、以村民为主体的演出，村民的生活更加丰富，参与感和获得感更强。村庄道路状况的改善，绿道、篮球场、足球场、羽毛球场等基础设施的配置，让村民享受到更完善的运动、生活设施。孩子们也有了更多玩乐的地方，可以参与新村民举办的如主持班、合唱团等公益素质教育项目，充实了生活，拓宽了眼界。另外，公益产业技能的培训，各类文创项目的建设运营，使村民在家门口的各个项目里就能实现就业或者创业，游客增加，农产品更好卖了，村民收入有了提升。从物质到精神方面，村民的幸福感都有了提升和改变。

李：有新老村民不太融合的现象吗？

陈：我没有感受到不融合的现象。老村民对于项目的引进是很欢迎的。不同的老村民想法不一样。有的人觉得项目进来后，当地旅游可以发展起来，收入也会提升；有的人可能就会想游客进来后，自己的农产品可以卖出去；有的人认为自己没有获得直接的经济收益，但是村庄更热闹了也是好事。

李：您觉得以这样的初心去做明月村，现在达到预期的效果了吗？

陈：我觉得效果是比较好的。我喜欢这个环境，喜欢亲近自然，在明月村有这样一个工作机会我觉得很开心，也很幸运能参与，过程有很多惊喜。乡村可以这样逐步发展我觉得挺好的。在发展过程中，不同的阶段会产生不同的问题，比如疫情对经营的影响比较大，但是大家仍然在这个过程中面对和接受现实，并调整经营方式和生活方式，大家一直在努力，在创造。

（三）设计师梁冰访谈

访谈时间：2022 年 1 月 4 日
访谈地点：成都市蒲江县明月村
访谈对象：梁冰（以下简称梁）
访谈人：李彦霖（以下简称李）

李：您是什么时候进入明月村建设项目的？当时明月村大概是什么情况？

梁：我记得是 2013 年进入明月村的，当时徐耘老师是蒲江县政协主席，他正准备着手建设明月村，邀请我过去进行村庄规划设计。当时的明月村是一个非常普通的村庄，不论是地理特点，还是乡村风光都很普通。唯一不一样的是明月窑，明月窑是利用地震后一口垮掉的民窑和改造后的农房做一些当代陶艺创作和乡村生活体验。我当时觉得这种业态在乡村挺有新意的，使老的业态和老房子重获新生。

李：您是怎么规划和设计明月村的呢？

梁：我们先走访了解村子的方方面面，再做规划和设计。首先，我们从村子的地理、地形、地貌这些原生、自然的肌理进行调研，先走大路，再走小路，最后走到田埂上，了解最原始的乡村状态。再了解村子的产业。然后再和当地老百姓交流，深入了解他们的生产与生活方式。有了这些了解后再做规划和设计。

李：请您简要谈一谈明月村基本条件的优劣。

梁：我觉得明月村有三个优势。第一个优势是明月村所处的地理位置好，并且交通发达。它距离甘溪镇、蒲江县、名山县和邛崃市都很近，范围再大一点，距离成都、雅安也就一个多小时车程；第二个优势是明月村的生态比较好，尤其是原生的马尾松林保护得好；第三个优势是越来越多的人对乡村生活的向往。当然这不只是明月村的优势，而是大多数乡村的优势。当然明月村的缺点也有，一是产业比较单一，只是原始的种植方式，缺乏深加工和产品开发，抗市场风险能力差；二是产业的品质不足，未来可持续性不强，猕猴桃、柑橘、茶叶都是如此。

李：您是如何理解"农旅融合"的呢？

梁：乡村的空间是开阔的、松弛的，村与村之间几乎没有边界，尤其是川西坝子。这种空间和城市完全不同，城市大都是狭窄的空间，比如办公室、汽车、电梯、工位，都很小而且封闭，这种空间让人觉得紧张。而乡村宽松的空间从人的感觉到心灵都有一种治愈功能。乡村的农作物都是生产性景观，比如油菜花、茶地、林盘、荷塘，不像城市的景观纯粹是为了好看，它是可以为人的生活提供物质和能量的。大多数乡村都还延续着传统的乡村生活，传统的民居、民俗都有所保留和传承。现在乡村的交通都很方便，"村村通"，"户户通"，再加上村里有不少闲置的宅基地，为发展旅游提供了空间和条件。在这个大时代背景下，人们已不满足于观光性地游览名山大川，越来越多的人向往乡村的田园生活。城市越发达，人们越向往，明月村的建设正逢其时。所以我认为乡村和城市是互补的，农业和旅游之间是紧密联系并且可以很好结合的。

李：您是怎么保护和转化村子原始的林盘等生态资源的？

梁：以谌塝塝为例。谌塝塝是一个自然林盘，里面有十户原住民，相距不远有一个农民安置新区。农民安置新区确实很好，解决了水、电、气、通信和网络等很多问题。居住条件更好，道路更方便，建筑质量更高，但它同时也带来了新的问题。农民搬进新区不久后，新区就变得乱糟糟的，这是为什么呢？是因为新区没有放置农具的地方，没有晾晒农作物的地方，房前屋后没有种"葱葱、蒜苗"的地方，种种不方便，随之生活成本也提高了。这是因为设计者不懂农民的生产和生活。基于这些情况，我想以规划设计来保护和发展谌塝塝，尝试新农村建设的另一种农民聚集点模式。这个想法得到了徐耘老师的大力支持。我们深入林盘，用脚丈量每一寸土地，一户一户地了解，再根据他们的具体条件，结合我们的专业技术，为他们量身设计，不断鼓励他们大胆创业，就这样做一户火一户，一户带一户做起来的。

李：有没有令您印象深刻的改造例子？

梁：当时谌塝塝的公厕是一大难题。因为没有建设用地，我观察和深入了解后找到杨大爷，动员他将自家闲置的猪圈改造成公厕，费用由政府出，他提出能不能顺带帮他家改造一个沐浴间，政府马上就同意了。建好公厕，来的游客也越来越多，我又动员杨大爷一家开了个饭馆卖豆花饭，结果生意很好。杨大爷的孙女爱画画，我们利用他家的空间，为小女孩办了一个非常朴素的画展，结果游客们很喜欢。

李：您是如何指导村民改造民房的呢？

梁：彭双英的房子最早就是由我们义务为他们设计的。彭是湖北人，他们小两口是在外地打工认识的，我被他们的勤劳朴实和创业热情所感动。刚开始的时候他们请不起工人，就自己动手，所以我们的设计就要充分考虑就地取材、操作简单，既要控制成本又能呈现效果。后来他们的收益越来越好，有钱了又再升级改造，滚雪球式地发展。

李：你在规划和设计过程中获得了什么感悟和收获呢？

梁：我和同伴们都喜欢乡村，我们也只做乡村的规划和设计，做乡村规划和设计的前提是认识乡村，了解农民的生产生活。因为越来越熟悉乡村，我们会为业主参谋，建议合适的业态，做好项目定位后再展开规划设计。

一路走来，现在感觉乡村的建设速度太快了，快在形态上，路建得快、房建得快，可体制建设跟不上，老百姓的思想跟不上，甚至有些外来业主的理念也跟不上，这可能也是发展中的必然经历吧，但我相信乡村的未来会越来越好的！

（四）社工师邓淙源访谈

访谈时间：2021 年 12 月 16 日

访谈地点：成都市大邑县新场镇三加二读书荟

访谈对象：邓淙源（以下简称邓）

访谈人：李彦霖（以下简称李）

李：邓老师您好，请问您大概是什么时候进入明月村的？

邓：大概是 2016 年。2014 年，我第一次到明月村时，明月窑的院子基本上已经建好了。我们三加二读书荟的两周年年会就是在这里办的。

李："三加二"当时在明月村主要做了哪些活动项目？

邓：自从政府接手明月村的项目之后，政府向三加二读书荟采购服务，三加二读书荟和爱思青年、夏寂书院一起托管明月村书馆、开展明月讲堂。"三加二"还开展书法绘画课——在明月画室，每月两次请中国书法家协会会员去教孩子学书法。同时，农民夜校也开展起来。明月村的社区营造和项目建设基本上是同步的。也就是说石头房子建好之后，我们就开始做书馆、开讲堂、做夜校，现在，讲堂和夜校由当地的合作社继续做。

李：您在明月村的前期调研内容有哪些呢？

邓：我们最早是作为一个文化类的社会组织入场，所以肯定偏重于文化方面的调研，涉及当地的人口结构、现状、老百姓需求等。调研材料主要有两方面的来源：一方面，项目组的其他成员对村里的情况比较清楚，我们会跟他们进行沟通交流，从他们那里得到一些信息。另一方面，跟村民们进行直接的沟通，我们进驻的时候虽然业态还没有呈现，但已经有新村民了，所以沟通对象也包括新村民。

李：那个时候，哪几位新村民给您留下了比较深刻的印象？

邓：印象比较深刻的一个是宁远，她是明月村比较早改造院子的新村民。第二是赵晓钧，他是有影响力的名人，并且在明月讲堂做过分享。第三个是李清，他是国家级的工艺美术大师，教很多村民做陶艺。第四个是夏莉莉和王健庭夫妇，他们是做自然教育的，把北京的房子卖了之后到明月村来投资，现在在核心区那边建了学校。夏莉莉原名叫侯新渠，曾写过一本书叫《谈谈社区营造》，当时她去台湾采访很多做社区营造的专家，比如桃米村的廖家展等。后来廖家展也到明月村来做过分享。最早的时候明月讲堂都是请新村民来讲的。

李：明月村比较触动您的、有特色的文化有什么呢？

邓：明月村本来是一个比较平淡的村子，唯一的特色可能就是明月窑。明月窑的前身是个民间的烧碗场，有300多年的历史，在2008年地震之后就停了，被誉为"活着的邛窑"，是对外宣传的文化名片。明月村还有一个问题，当时是缺水的，你现在看到的明月村的凉山渠，实际上以前是灌溉水渠。夏莉莉和王健庭两口子是做自然教育的，平时他们会带着自己的孩子去乡村田地里走走看看，他们就注意到了灌溉水渠，后来建议项目组可以对水渠进行梳理，项目组采纳建议，把水渠重新进行了提档升级和改造，在水的两边做了绿道，供村民健身、游客游览。

李：您当时是带着哪些社工助理去做工作的呢？

邓：当时有赵丽翔、刘涛，最早做公益阅读推广项目的时候，他们是我们的主力。还有其他一些志愿者，他们做了很多公益项目，包括组织流动书屋、托管农家书屋，还参与了安仁和众社区、蒲江余家碥的社区营造，以及在温江的"为老人读书"等项目的工作。

李：社工专干和社工助理，有怎样不同的身份定位？

邓：现在我们整个社工体系搭建起来以后，分社工专干和社工助理。社工专干就是有实操经验的人到项目点去指导在地社区营造的社工师。而社工助理，是指我们招的当地年轻人，请他们来协助社区工作。招社工助理的原因是：第一，他对当地的情况很熟悉；第二，他可以跟着去学习，比如做社区营造动员与开展项目等活动，协助社工师完成工作；第三，为当地培养社区营造的种子。最早做明月村的时候，体系还未完善。后来我们对乡创操盘和社区营造实践不断进行复盘，才使得"113+3"体系慢慢成熟。

李：当时你们在举办公共活动时，是怎样调动明月村村民的？

邓：首先，对于老村民来说讲堂具备吸引力，老百姓心里会好奇，所以会去听讲堂的讲座。讲堂的主讲人名气很大，比如赵晓钧主讲时，广州、上海、北京的人专门到明月村来听讲座，这就会引起村民的兴趣。第二，农民夜校的内容都是给农民做知识普及的，跟他们的生产、生活息息相关。比方说徐耘老师给农民讲未来明月村的发展，农民会觉得这是有意义的。再比如，合作社成立的动员会也是在夜校做的。现在，村民也确实获得了收益。这些活动再加上我们的宣传，老村民就更积极了。做好宣传动员工作，老村民的主体性才能发挥出来，比如，第一家农民创业的项目就是项目组去动员的。当时明月村成立了项目组，他们在做农民动员的时候贡献了很大的力量。

李：有没有遇到过一些矛盾纠纷呢？

邓：我们做的事情相对来讲比较单纯，是公益性的活动。当然，从项目组的角度来讲肯定是有的，王敏就主要协调解决老百姓的问题，处理了很多矛盾纠纷，现在双丽也要处理这方面的问题。从运营的角度上来说，也会遇到很多鸡毛蒜皮的、和老百姓之间有利益冲突的事情。比如，在项目建设前期，有些老百姓不愿意按照政府的规定去办，私自改造房子，这会导致村庄的风貌不协调。再比如，如果一家搞餐饮，家家都去搞餐饮，那就家家都挣不到钱。政府鼓励老百姓做事，但是老百姓也不能每家每户都做同样的业态。这就是"三加二"提出农民不任性原则的原因。

李：你们平时会利用明月村的公共文化空间做些什么活动？

邓：明月书馆很重要，很多活动都依托明月书馆这个文化空间来做。石头房子里面有书馆、夜校的空间，所以基本上是利用这些空间来开展书法、绘画活动和夜校，以及明月讲堂的讲座。

李：会不会有艺术家借用这个空间来办一些活动呢？

邓：有的，我记得最早还在书馆里开展过皮影戏的表演活动、中韩陶艺交流活动。另外，书馆有公共展陈空间，定期会进行公共性展陈活动。石头房子有几个"小花瓣"，实际上就是各个小展厅，其中有一个展厅是经常布展的临时展厅。文艺性展示活动一般会由文旅局来组织。

李：会不会有一些活动是老村民感觉有距离感的？

邓：这个肯定会有。对比之下，夜校可能更适合老村民，因为内容都是跟他们的生产生活相关的。讲堂稍微晦涩或者说比较专业一些，老百姓去听会觉得比较枯燥，但还是有少量老百姓参加。比如有一个大爷是我们这个书馆最忠实的粉丝，他每天骑自行车去看书，每一次讲堂都参加。到后来，你可以发现好多照片里都有他，甚至去给新村民献花都让他去献，因为他已经成了明月村老村民的代表。

李：会不会有老村民想用文化馆来做一些活动？

邓：一般而言，老百姓不会用到大的公共空间去组织活动，村民参与活动的渠道基本上都是通过社工组织的。但也有例外，比方说返乡青年江维做生态农业会用到文化空间动员村民。他用夜校的场地来给村民讲生态农业的好处。当然了，也有自治组织来用公共文化空间。明月村不是每年都有中秋晚会吗？会有很多新老村民去表演节目，曾经请到过蒲江县文化馆馆长到明月村来教新村民和老村民的孩子们唱歌，那个团体叫"放牛班合唱团"，馆长曾经就在公共空间教他们唱歌。还有"明月之花歌舞团"，是一个文化专干到村子教一些农村妇女跳舞，最后形成了歌舞团这样一个自组织，他们每年都在中秋节的晚会上上台表演。

李：他们有没有去其他村子表演过呢？

邓：也有。有一个乐队叫"守望者乐队"，新村民刘梓庆和老村民一起组建了乐队，不光在明月村、蒲江县各地，还到处去表演，去了海南、江西……他今天还发了一条朋友圈，说他们乐队参加了四川省电视台"宪法进农村"主题活动。这支乡村乐队已经在全国各地参与了很多活动，这变成了他们生活的一部分。现在他们还在明月村经营"守望者音乐房子"。有共同兴趣爱好的新老村民就通过文化空间融合在了一起，这也是社区营造的成果。

李：您认为明月村社区营造还有哪些做得好的地方？

邓：其实三加二读书荟进入明月村之后，早期除了建设书馆、开展活动，还孵化并成立了明月乡村研究社，后来陈奇任社长。明月乡村研究社不仅有个院子，还争取到了市文化馆的支持，所以定期会有老师到明月村去做一些培训和活动，以帮助在地力量发展。我们从做示范，到陪伴孵化，再到孵化成功，之后便逐步撤出，让新老村民自己作为主体，让这些孵化的社会组织和自组织去承担公共服务等职能。所以，不是要我们一直在明月村做活动，而是要在这个村孵化出一些主体和机构，让他们有能力去处理乡村事务，我认为这才是最关键的。我们用一年到两年的时间陪伴明月村，大概在 2018 年完成孵化后我们就逐步撤出，就是为了给他们赋能，让他们自己得以持续发展。

（五）合作社孵化师双丽访谈

访谈时间：2022 年 1 月 4 日

访谈地点：成都市蒲江县明月村

访谈对象：双丽（以下简称双）

访谈人：李彦霖（以下简称李）

李：您是因什么机缘进入明月村建设项目的？

双：我是 2015 年 8 月接触的明月村，这之前我一直在北京工作。2015 年返乡的时候，曾经想过结束北京的那份工作，回到蒲江找一个新的方向发展，但一直没找到很满意的机会。因偶然的机会，我知道了三加二读书荟并成为他们的志愿者，开始做一些公益事情，比如在城里的一些社区做公益课堂，给放学后的孩子们做辅导。因为这个机缘我认识了徐耘先生，他当时正在操盘明月村项目，从其他人那里了解到我曾经的工作经历，想请我把明月村的旅游合作社运营起来，让合作社真正发挥带领农民共同参与乡村建设的作用。徐先生找我交流了几次后，我就成了明月村旅游合作社的职业经理人。

李：当时明月村的合作社大概是什么情况？

双：我刚到明月村的时候，远远的阳光房、素舍、蜀山窑这几个工作室都还在改造，我只是知道了发展理念，暂时还没有见到新村民。合作社是 2015 年年初成立，我接手的时候，它只是注册成立了，还没有运营，它的所有设置包括理事会等都是按照传统的合作社模式去设置的。

李：您进入之后对合作社做了哪些工作？

双：其实我进合作社时自己也挺懵的，我不知道在乡村里能经营什么。但是我想无非就是做生意吧，所以我把自己放在游客的角度来设想，到这里来玩耍、消费的游客需要村子具有什么样的项目。当时建成的可以使用的空间就只有荷塘小酒馆，建筑小而美，周围环境非常好，于是我首先在这里为客人提供茶水服务。小酒馆里有个可以烧火取暖的壁炉，这个空间就算是冬天，也很舒服。我又想，是否可以引入城市的烘焙体验？经过跟理事商量后，我从合作社出学费，送三个村民去城里的蛋糕店学了半个月的烘焙，同时去成都购买了烘焙设备。11月，烘焙体验正式推出，吸引了非常多的客人来体验。从卖茶水、烘焙体验开始发展，我们更深入地思考明月村可以有什么新业态。明月村是一个陶艺村，那么制陶可以作为一项手工体验项目。所以，我们请到了村里的老陶艺匠人，并且在网上买了拉坯的机器，做起了陶艺体验。一开始，合作社自己投体验项目，为的是游客可以对明月村有体验感，想留下来。在这个过程中，我们发展出了合作社的定位，就是要去投项目、投钱、投组织。在经营过程中，陶艺体验、烘焙体验生意火爆，常常需要排队，一个成本十来块钱的蛋糕可以卖四五十元，合作社终于开始有了收入。

　　渐渐地，我们发现有很多村民看到了游客体验项目的营利机会，也想做了。一方面，我考虑到合作社的事情越来越多；另一方面，我们那时候也在想新点子，所以慢慢地也让村民自由做体验项目。除此之外，我觉得应该卖一些当地好的手工产品，就把当地产的豆腐乳包装成旅游产品售卖给游客，哪怕是到现在，这款豆腐乳也是经典产品。渐渐地，我又发现接待游客或单位需要一些酒水，所以我们又和全兴酒厂合作推出了明月酿，在接待的时候让大家品尝、购买。就这样，从投体验项目到做产品，慢慢开始了合作社的初期阶段，合作社开始有收入，这样就逐渐进入经营过程。

李：刚才提到有游客来体验，你们是怎么向游客进行宣传的呢？

双：其实我们一开始在做明月村的时候就会向外宣传我们当地的特色和理念，另外，我们通过个人朋友圈宣传、政府宣传来呈现明月村的未来效果。我们当时引进项目时，资方也有自己的房屋设计预想，所以在房屋改造的过程中，我们会拍一些有意境的照片向外传递将要呈现的效果。你想，那时候是2015年，我们做乡村还是比较早的，所以很多目光一下就关注到了这个地方。他们到来之后，我们推出体验项目，村民也逐渐创业，效果就很好。比如，在那一年，我们一共开了三家餐厅，其中的豆花饭就是老村民创业的餐馆。渐渐地，更多餐厅开业了，再加上手工体验，明月村开始有消费场所了。我记得以前在明月村工作，我们吃饭都很困难，要开车到镇上去吃。总的来说，明月村初期阶段是没有一家餐饮、没有一处游乐场所、没有一家民宿，不像现在，我们可以有很多选择了。

李：早期来村庄那些人是对乡村有关注的那一批人吗，还是零散的游客？

双：各种人都有，有对乡村一直关注的人，也有一些游客。他们或是看到宣传而来，或是通过来过的游客发的朋友圈知道了明月村。其实，每一个人都是一个宣传窗口，我们一般通过朋友圈、公众号去宣传，甚至有很多客人因为看到别人拍的一段小视频而来。那时候的朋友圈影响力还挺大的，甚至比现在还要大，因为那时候还没有抖音这些新平台嘛。况且这里又是这么美的地方，很多人是向往的。渐渐地，客人越来越多，形成连锁反应。但是现在朋友圈和公众号的影响力就不如以前了，现在大家的习惯变了，我们刷微信、朋友圈的时间不多，会花费时间在其他新媒体比如说抖音等。传统的微博、公众号、朋友圈的影响力都在急剧下降。

李：现在明月村有没有通过新型的、受欢迎的短视频平台来做宣传呢？

双：这是一个问题，做这个事情需要人力、物力。我们不专业，也没有资金去做，在今年可能会尝试重新成立宣传组，专人来做这个事情，但这个需要时间去实施、培育。

李：合作社具体的经营内容和经营方式是什么呢？

双：它的全名是成都明月乡村旅游专业合作社。其实我们一开始定位旅游合作社就是做村子里的公司，是要挣钱的。第一阶段，我们主要经营重心在项目投标上，比如投体验项目、做产品、提供服务。这是怎么确定的呢？我们每天要接待很多的考察团队，有时候对外参展、宣传推广这些工作，都是我们需要挣钱的内容。在后来的发展过程中，村民愿意参与我们投的烘焙、陶艺体验项目时，我就会让愿意做项目的村民来做。如果我们旅游合作社也做这些项目，那么大家其实就形成了竞争关系，这对合作社和明月村村民都是不利的，所以只要村民愿意做项目，我们合作社就退出，并把购买的设备折价给村民，去支持他们创业和发展。这样既不牵扯我太多精力，又可以在跟他们没有竞争的位置来服务和管理，引导村民有序发展。

第二阶段，我们就变成双重身份了，第一个身份是经营性质，我该投的项目仍然要投，尤其是投村民不能做的项目，比如投观光车。如果投了之后发现他们能做，我就让给他们。当然了，我们仍然要做产品，并且增强跟当地产业的关系，比如通过发动电商来售卖当地的雷竹笋，也通过自己的关系渠道来销售当地水果。另外，我们希望能够增加当地农产品的附加值，所以就做农产品深加工，比如用雷竹笋做下饭菜，卖得非常火爆，逐渐我们又考虑销售一些笋干。总之就是要把产业做得更深入一些。

第二个身份是公益机构，我们把自己定位成社会企业，在这个区域里我们不但要运营、要挣钱，还要在乡村的发展上发挥领头作用。我们要对村民进行培训和引导。具体来说，我们做了垃圾分类；在晨跑中引导小朋友捡垃圾，每年会给晨跑小分队做总结和奖励；我们还做村民夜校，为的是加强农民的经营管理理念，避免村子出现宰客现象，还带领村民深度学习和讨论维持业态的方法；在发展良好后，还会在年底去慰问村里比较困难的群众。以上这些事情以前没有做，是因为以前村子太穷了，也没有集体经济，根本无法启动。现在村子逐渐发展起来，合作社就把自己定位成什么呢？第一，我们是村集体经济组织的重要组成部分；第二，我们相当于是村委下面的一个公司，跟村委配合就相当于帮村上挣钱，合作社给村子做旅游经营方面的工作，村委分工则是做村庄日常管理。合作社就相当于村庄的助手。

李：听说合作社遇到过很多困难？请具体说一说。

双：各个阶段有不同的困难，在初期我的困难是信任问题，村民、股民、村上对合作社的态度是不完全放心的。所以我们在开始制定职业经理人的各种制度的时候，特别限定了招待费。也就是说如果招待客人需要请吃饭，那么招待费一年限定在 1.2 万元，超过这个数就得自己掏腰包，这样可以让村民们安心。另外，我自己针对他们的不信任做了一番努力。首先，我把原来合作社成立初期的理事会进行调整，重新选举村民最信任的理事长。让村民在合作社真正运营的时候，感到受重视。其次，我把财务、制度等全部公示，且每个月的报表上报理事会，让村委会和政府专门负责明月村项目的领导看到公布出来的收支情况。经过这个阶段的磨合后，大家的信任问题基本解决。后来我又发现当合作社管理村民时，村民会认为是"你们的"合作社。于是我又用活动和夜校授课的形式跟他们一条一条分析，告诉村民合作社是村里的合作社，是"大家的"合作社，我说村集体入股其实代表了村民每一个人，所以合作社挣钱越多，村上的福利就会越好。为什么这样讲？为的是解开村民的心结，由此村民会更加支持和配合合作社的工作。这样村民的问题就慢慢地解决了。

后来在发展过程中又会有其他的问题，我发现在引导村民创业的过程中，大家创业项目雷同，即同质化问题又开始了。因此我们引导村民整新项目，进行新体验，劝村民们不要内卷，游说村民不要全做陶艺体验、植物染体验，不要全卖柴火鸡，可以卖点柴火鱼、柴火牛肉……我们引导村民或带村民去看其他项目操作，拓宽大家的视野。

李：合作社的资金组成是怎么样的呢？

双：我们合作社的资金组成是三个"三分之一"，政府、村集体、个体股民各入三分之一，这也是徐主席当时设定的。当时我们鼓励村民入股，其实村民是不信任的，所以当时徐主席就跟他们讲，你们愿意投多少钱的股，政府就配相应数量的产业作为扶持资金，陪着村庄一起发展。村集体也入三分之一的股。本来村上是没有钱的，后来在发展过程中，我给他们申请了政府的专项资金项目，这些项目以村委会为主体来实施，比如修建培训空间、售卖空间。所以村集体就有了资产，资产是属于村上的，运营则是由合作社来做，这就是村集体入股。

在年底分红的时候，除开所有支出之后的净利润，股民要分利润的三分之一，村集体要分三分之一，政府要分三分之一，但是政府的股份利润不拿走，而是给村集体，相当于村集体获得一年净利润的三分之二。这三分之二就是全体村民共同享有，用作村子的发展，比如维护公共环境等。

李：明月村合作社从哪个时候进入了平稳运行的阶段？

双：合作社应该从 2018 年差不多就比较平稳了，能够按照自己所设想的方向来运营。村民不再像以前那样感觉什么都挺新鲜，也不会盲目开店，不会只关注今天来了多少人，可以理解我们讲的卖东西、摆摊子的规矩了。可见，村民已经见识多种情况，合作社的工作内容也基本明晰，所以能正常运营了。

李：发展合作社以后，明月村的经济形态变化大吗？

双：发展合作社以后村里的经济效益更好了，我们明月村发展乡村社区之初，理念就是以当地村民为主体，就是说村民一定要得到最大利益。明月村的最大产业还是农业。我们村有 11.38 平方千米，所以大部分村民还是以农业种植为主，但都享受明月村品牌带来的农业增值。在这几年的发展过程中，村民的收入直线上升。2015 年我们进来时，村民人均年收入是 1.3 万元多一点，现在翻了一倍多。

村民收入是怎么增加的呢？第一，租金收入。新村民可以租老村民的老房子，并且这个房子由租户重新维修，不管投钱多少，有的甚至投入了几百万元，20 年经营之后房子还是要还给村民。第二，工作收入。我们村里的业态开业之后需要务工人员，所以老村民有更多的就业机会，甚至有房东成为租客的员工这种情况。第三，村民在合作社入股而获得的个体分红。村民存一万元钱在银行，一年的利息可能就两三百元钱，但是他投在合作社一年的分红可能就有一千多元。虽然不算多，但是有持续的分红。第四，村民自己的手工产品。比如，村民以提供手工茶叶等产品的方式与合作社合作，那么合作社把产品作为明月村品牌包装之后对外销售，这也是一笔可观的收入。还有最大的一笔收入是什么呢？那就是农产品销售。合作社会持续宣传明月村的各种产品，尤其会着重推广农产品。你看，一到春笋季的时候，村里都在忙活，无论是整月春笋季的活动，还是电商售卖，都是为了帮农民卖雷竹笋。所以在这个过程中，得到最大好处的其实是村民。原来的笋可能几毛钱一千克批发都难以卖出去，但是经过我们的宣传、推广，现在每一千克笋的价格要提高一两元，一亩有几千千克的笋，那么直接增加几千元的收入，所以村民主体地位就通过收入增长得到了实现。

我们做了仔细观察，现在明月村所有项目中有外来项目50多个、村民创业项目30多个，但其中最挣钱的仍然是老村民的项目。因为他们成本低，不仅房子是自己的，服务员是自己的，甚至自己有原材料，所以利润率最高。这难道不是农民主体地位的体现吗？相比之下，那些有几千万元投资的项目，运营成本非常高，反而挣不了多少钱。而原住民在我们的培训中或是自己的经历中学会了怎样服务客人，怎样与客人保持良好交流，除了卖房间、做民宿，他们还会卖自家产品，这一下子收入就很可观。这些就是经济形态的变化，这是和别人口中传递的明月村完全不一样的地方。明月村表面上看就是个普通的村子，但一般人看不出它内在的生命力和活力。

李：您是如何引导当地村民就业与创业的？

双：初期我们也支持村民创业，当时我们是与新村民一起打配合来帮助老村民创业。新村民会做公益培训，比如植物染、陶艺、篆刻培训等。所以在陶艺和植物染培训之后，老村民就会去尝试这些项目，但存在一个问题是老村民很少再选择和物色新项目。所以村民创业时，我们就会提醒他们注意项目的多样化。只要他们想创业，首先请他们到村上或合作社来汇报一声，我们再根据他本身的场地条件和资源来推荐合适的项目。我们希望的是大家不要只看到别人家的民宿、餐厅很热闹，就要去做同样的，也许这一项并不适合，也许其他产业比如做农产品会更合适。我们会把村里的经营情况以及不理想的入住率等情况讲给村民听，这样村民自己就会比较、权衡，这可以避免村民盲目投一大笔钱而造成负担。总之，合作社实际上是在上面起到统筹规划的作用。

李：您和村民有没有过意见不一致的时候，是怎么处理的？

双：初期也有这种情况，那个时候村民根本不了解合作社是做什么的。一开始我们要求大巴车一律不允许进村，这是为了避免压坏道路、避免尾气排放污染空气、避免对村民交通造成影响。但是有个别村民当时很难理解，他们觉得合作社就是"你们的"合作社，觉着自己的客人又不是合作社介绍的，凭什么就不让人家的车开进去。后来，我们持续性地沟通，给村民讲缘由和合作社的初衷。或者我们会采取另一种方式，即给村民介绍一些生意过去，来逐渐缓和矛盾。村民理解之后，这个事情就解决了。比如村民接了团队后要跟合作社汇报一声，我们就会请大巴车把车停在门口，游客可以采取步行的方式入村，或者是我们用优惠的价格把游客送到村民家去。

李：孵化当地的后续力量是很重要的，你们是怎么孵化的呢？

双：一开始只有我一个人在经营合作社，在这儿七年的时间，我就真的已经成为这个村的村民了，所以我跟村民交流起来也是非常顺畅。后来因为村子的发展，有很多小朋友们回来，比如你看到的办公室里面那些年轻人全是我们村的返乡青年，他们也在参与各种工作，比如夜校、社区营造。可能某一天我会退出合作社的直接运营管理，但是这些返乡青年不会，他们本身就是当地人，不仅了解村子，还属于村子，所以他们必定是重要的当地力量。我也经常在工作和生活中给他们讲，"这是你们自己的村，你们要更爱它、更负责"。当然了，在村里除了合作社工作人员和返乡青年之外，很多新村民跟老村民也处得很好，他们其实也是村里的新乡贤，当村里出现什么事情，或者是邻里之间产生纠纷的时候，这些人还是能够起到一些作用的。

李：未来合作社有什么新的具体规划吗？

双：目前我们发展到平稳期，实际上也可以说到了一个瓶颈期。我们现在正向村上、政府提出新的想法，希望能够共同讨论，得到他们的认可。按照现在的发展来看，旅游合作社原来的股权架构是有问题的，因为有三分之一的个体股民，只有三分之二是属于村上的，但是很多公共资产在股民眼里是界定不清的。所以我们希望在合作社的上方有一个总公司来统筹，把应该收归全民所有的东西放到总公司去，把运营放到合作社，再设其他相应的子公司，这样可能才会是比较合理、适合的一个架构。

比如，现在物业全是村上来承担，每天产生的垃圾全是村上在清运，业主并没有付他们该付的费用，我们跟外界的合作也是如此。所以我们尝试改变输出模式。为了整体提升明月村的运营，很多相应的机构就需要成立起来，让专门的人去负责相应的业务，比如产品的研发、接待、物业、工程施工、外界合作等，所有这些业务产生的收益全部汇集到总公司去。这样职能准确、分工明晰，乡村建设的方方面面也就会有更高的效率。现在我们也是在与村上商量，2022 年会有改制。

（六）乡创助理唐小帅访谈

访谈时间：2022 年 1 月 4 日

访谈地点：成都市蒲江县明月村

访谈对象：唐小帅（以下简称唐）

访谈人：李彦霖（以下简称李）

李：您是双丽老师的助理，请问您是什么时候开始和她一起工作的？平时工作内容是什么？

唐：我是从 2017 年 11 月开始跟着双丽老师一起工作的。平时工作内容有接待、产品的研发和销售等方面。

李：刚才双丽老师说你有多重身份，有哪些身份呢？

唐：第一，我是明月村的返乡青年，我的老家就是明月村；第二，我父亲本就是厨师，退休了没事儿，就搞了一个餐厅，叫"唐园"；第三，我是村里一支乐队"守望者乐队"的"客串"经纪人；第四，我还算是"远家"的小伙伴，就是和"远家"关系比较好吧，有时候会互动一下。比如现在我们合作社其中一款产品雷竹笋丁在"远家"卖得比较好，他们经常会在我们这儿采购。我在村子里认识的人比较多，"远家"的一些活动会提前跟我说，让我帮忙传播消息，我们会互相帮助。

李：您是因什么契机回到家乡的呢？

唐：我以前在成都工作，虽然说隔得很近，但平时很少回来，可能一年就回来一两次、两三次。契机就是我的高中老师陈奇。那会儿刚好是她在帮忙负责村庄规划，而我们家的餐厅项目也正在做改造。有一次我回家，就发现这不是我老师吗？然后就跟她重新联系上了。接下来，我听了她在大学做的一些关于明月村发展的演讲。我对 2017 年前的明月村发展不了解，听过她的演讲之后，觉得自己家乡的未来发展挺好的，所以就寻找机会回到家乡。后来就回来了。

李：在项目实践过程当中，您遇到过什么困难吗？

唐：站在合作社的角度看，我们的产品推广、销售这块儿还是有很大的缺陷，因为我们没有专业的营销团队。当然也还好，因为我们现在的产品数量不是特别大，所以我们内部会消耗一部分，项目会帮忙消耗一部分，游客也会消费一部分，还有政府会采购一部分，所以目前来说，产品可以通过现有的渠道全部销售完。

李：今后产品数量会不会有增加的趋势呢？

唐：肯定是有的，我们希望把明月村各种各样的产品推广出去。如果增加销售量，那么我们合作社的收入也会越来越多。我们合作社会精心挑选本村农户品质好的产品来对外销售，所以总数量也不会太多。另外，我们合作社也算是咱们明月村的一个品牌、名片，如果我们销售的产品质量很差，给客人的感觉就是明月村不怎么样。所以从我们手里卖出去的东西都一定是品质比较好且数量有限的。

李：除了产品的推广、销售以外，您有没有解决过其他问题呢？

唐：一个人的能力还是有限的，主要还是靠团队的力量。比如我们刚开始做竹笋的时候，竹笋难以卖完，所以大家就会一起想办法，后来想到了解决库存的方案。我们向来明月村考察学习的团队推广销售竹笋，并且赠送参观的朋友们一份笋子，为的是让他对竹笋有更多了解。了解之后，他如果觉得这个产品好就会进行复购，这就解决了库存问题。

李：通过问题的解决，您有哪些感悟和收获？

唐：我以前不是做推广销售工作的，现在接触到这块儿内容后，学到了产品营销方面的技巧方法，提升了自己，同时也能够帮助我们合作社提升一些收入。另一方面，在乐队的活动中我也收获很多。虽然我不是成立乐队的主要人员，但是我利用自己的组织能力、推广能力等去帮助我师兄刘梓庆成立乐队，做宣传，接业务。不同于传统乐队，我们乐队的理念是喜欢音乐的朋友如果愿意，都可以成为乐队成员。如今，乐队成员不仅限于明月村，而扩展到蒲江的音乐爱好者。当然，常规演出通常是固定的几个成员，但如果是其他成员有空的话也可以一起演出。我们去了很多的地方，比如资阳晏家坝、青岛、浙江、江西、三亚等。我们都有自己的职业，有老师、工程师、医生，还有在读大学生。乐队叫"守望者乐队"的原因就是希望守望乡村、守望家乡、守望这片大地。

李：你认为明月村定位是文创兴村还是旅游兴村呢？

唐：定位还是以文创为主，旅游当然也重要，但不是最重要的东西。首先，明月村的名气和受众其实都是从文创开始的，如果没有文创就没有明月村的今天，文创是首要的。通过文创，旅游被带动发展，同时明月村农业也由此发展壮大。但其实我们更希望通过"文创 + 旅游 + 农业"这样的方式，提升老百姓的收入和生活品质。我们希望达到可持续的发展，不一定要发展多快，而是有稳固而持续的发展趋势。

李：对于明月村的乡村建设，你认为它的意义是什么？

唐：通过这样一种方式，最重要的是能够提升老百姓的生活品质，改变村民对待工作和生活的态度。大家的传统思想是靠天吃饭，更多思考的是种好地、有更多收入花在下一代的身上，但是我们通过文创，新村民给老村民传达了不一样的生活方式和一种舒适、健康、生态、文明的生活理念。

李：在你看来，老村民的旧观念是不是基本已经改变了？

唐：还没有，这不可能。这几年时间不可能达到这样的效果，要让当地老百姓完全接受环保、生态、健康、文明等思想观念，可能需要花一代人甚至是两三代人的时间去慢慢调整，这不可能在短时间内实现。但是不管多长时间，我们都会一步一步地往前走，这就是一种进步，就是可持续发展。

李：您也参加过社区营造，您如何理解社区营造？

唐：我认为社区营造是改变老百姓的生活习惯、思想观念的重要途径。社区活动或培训与讲座的举办，能够提升老百姓的动手能力、思想境界、综合素质，能够促进他主动思考解决问题而不是依赖别人帮他解决问题。现在来看，村子的社区营造效果还挺好的。

李：您是怎么理解乡村旅游合作社的？

唐：乡村旅游合作社是我们村集体收入的重要途径。在以前，我们村集体的收入是非常低的，自从有了乡村旅游合作社之后，我们村集体收入有所增加。虽然不是太多，但起码能支撑我们村集体提升基础设施，能够让游客、村民感受到生活在发生变化。

李：您参与明月村的建设过程中有学到一些新方法吗？

唐：我学到了很多，学到了怎样与人沟通，因为做营销需要跟别人沟通，以前的工作就局限在办公室不出门，这对人无益。另外一方面，在做产品的过程中，我明白了如何做好产品。更重要的是思维上的改变，比如可以把合作社理解为一个公司，但这个公司不是某一个老板的公司，而是我们全村村民的公司，所以我也学习到多样的思考角度和思维方式。

李：如果三加二读书荟完成所有运营和机制改革而撤出，你会继续做下去吗？

唐：那肯定会继续做下去的，我也相信三加二读书荟不会完全撤出去，他们更多的是在后台做一个支撑。如果我们内部能够培养出一些人才，它会把一些职能交付给这些人并让他们去发展，而它会做一些大方向的指导，我觉得这样的方式是特别好的。

二、晏家坝案例

访谈对象情况表

编号	类型	人物	性别	身份	访谈主题
A1	三加二读书荟操盘手团队	徐耘	男	导师	晏家坝项目整体规划
A2		牟师	男	操盘手	晏家坝项目操盘情况、各方关系协调
A3		魏向阳	男	设计师	空间布局规划、景观和房屋设计
A4		曹贵民	男	社工师	社区营造过程
A5		双丽	女	合作社孵化师	合作社孵化、乡村运营管理
A6		朱玲	女		
B1	返乡村民	肖洪平	女	乡村运营管理助理	学习运营管理过程中的成长
B2		唐红	女		
C1	村干部	查玉春	女	村支书	对乡创操盘的看法、工作配合和协作
C2		张少君	男	原村委会主任	

（一）导师徐耘访谈

访谈时间：2021 年 12 月 16 日
访谈地点：成都市大邑县新场镇三加二读书荟

访谈对象：徐耘（以下简称徐）

访谈人：邱硕（以下简称邱）

邱：徐主席好，这段访谈主要是想了解晏家坝项目的整体操盘规划和您作为项目导师的角色功能。首先，我想了解的是资阳市市政府是通过什么渠道联系上"三加二"的？

徐：资阳市推进"成资同城化"，就是成都和资阳进行同城化发展。既然是"同城"，资阳就要学习成都的方方面面，在乡村建设方面也需要学习。资阳方面有人了解到我们做过的乡创项目，过来参观，觉得很好，就邀请我们过去，希望我们在资阳协助进行乡创项目，做出示范。

邱：当时资阳选了几个村？

徐：最开始资阳市打算在每个县都选择一个村来打造一个乡创示范项目。资阳市一共有四个区县，其中有一个区力量比较强，就推荐了两个村，其他每个区县各推荐了一个村，所以一共有五个村。这五个村包括高洞村、仁里村、晏家坝村、旧居村、卧佛村。

邱：这五个村都在推进，但是推进得最快的是晏家坝村？

徐：启动得最快的是晏家坝，因为晏家坝所在的雁江区行动快。

邱："三加二"是2019年进驻晏家坝的吗？

徐：对，2019年，到现在已经接近两年了。

邱：当时这个村的情况怎么样？

徐：当时雁江区政府其实主要想做高洞村。但高洞村太受关注，投入很大。对于乡创项目来说，太被上级政府重视不一定好做。我觉得晏家坝村有基础，综合来说有几个优点：产业不错；村支部书记是全国人大代表；有很多空置的房屋。我们进驻之后，引入了社区概念，从打造乡村公园社区、孵化合作社，到市民下乡，引进新村民、新机构，把整个社区建得比较好，文化的氛围也起来了，商业也起来了。这些是我们带来的变化。

邱：下面几个问题关于晏家坝几个定位。战略定位是党建引领下的乡村振兴示范村。这个战略定位是如何确立的？

徐：在乡创中我们需要战略定位、发展地位、产业定位，定位就是找魂。晏家坝的村支部书记是全国人大代表，所以战略定位就是党建引领的乡村。

邱：它的发展定位是中国乡村公园社区，怎么找到的？

徐：2018 年，习近平总书记视察成都市和天府新区时，强调要突出成都公园城市的特点，2020 年又明确要求支持成都建设践行新发展理念的公园城市示范区。我们就想，乡村会不会也能有公园社区，把大田变成农业公园怎么样？城市公园种花，乡村公园种蔬菜和庄稼。根据这种理念，我们希望做一个中国乡村公园社区。乡村要美观，像城里的公园，这是我们的定位。乡村公园一定要有产业，这也符合国家的农业产业政策。建设公园社区就是要让村民安居乐业。

邱："三加二"用了哪些方法使晏家坝像一个公园社区呢？

徐：首先，我们对大田进行梳理，让乡村仍是乡村，该种庄稼的种庄稼，把田园景观做出来，这是一个概念。第二，居住环境不能生搬硬造，让农村房屋的样貌继续保留，但是一定要干净、卫生、舒适。第三，我们希望社区里要有文化，还要有商业服务。所以我们进来后进行风貌改造，改造整体外观和盘活社区，引进一些项目，把文化搞起来。

邱：晏家坝的产业定位是特色种养业。村子以前的果蔬业和养猪业是不是已经很成熟了？

徐：晏家坝的蔬菜在整个区非常有名气，做得非常好，这是村子的特色之一。村子离城市很近，果蔬基本供应城市，而且村子的土地出租费比较高，村里本来就有几个大型农庄。伍隍猪是当地土生土长的猪种，伍隍猪品牌是国家保护品牌，这个品牌拿得出手。所以特色种养业是晏家坝重要的支柱产业。

邱："三加二"进入之后，对村子的特色种养业有没有新的规划？

徐：我们乡创做的是增量工作，就是在村里原有的基础上做加法，不争利，不跟当地已有的产业发生矛盾。所以，在晏家坝，我们不动它原有的种养业，但是，我们可以通过文化创意，增加它的附加值。比如，针对伍隍猪，我们提出过设想，把猪的形象设计成晏家坝村的乡村符号，只是因为种种原因没有落实。另外，晏家坝原来开办有一些农家乐，乡村旅游相较周边地区来说基础比较好。但是村子原来没有文创、社区、培训之类的概念，我们就把这些产业引起来。

邱：为什么选择"乡愁"这个概念？

徐：乡村有几个要素，一是乡村还是乡村，一定要保持农业产业；二是记得住"乡愁"，体现在农村的民居、环境和生活状态。当时我们想将破败的房屋修复，将村子的环境改善，通过引进项目将之转化为新的业态。人们可以走进巷子，看到原来的乡村生活景象，这就是乡愁。

邱：所以乡愁的灵感来自于习总书记说的"记住乡愁"，"三加二"把它外化成了乡愁巷、三崇堂、农中院这些建筑空间？

徐：对。城里人过来看得到乡愁，村民也看得到房子的变化。

邱：晏家坝设计的乡愁辐射范围是雁江区、资阳市还是成都？

徐：游客以资阳本地为基础，辐射重庆和成都，因为晏家坝地处成渝经济圈发展最中心位置，它的区位很好。

邱：三崇堂和农中院打造好了之后，空间如何利用的？

徐：三崇堂里边有农民艺校、乡愁馆、乡村书馆等，它是一种公共文化空间。旁边的乡村美术馆是新修的，它跟三崇堂放在一起，形成新旧对比。乡村美术馆修好以后，吸引来了城里的培训机构（夏加尔少儿美术），把城里边的娃娃带来这边开展活动。我们看到，乡村不仅可以有美术馆，还可以有少儿美术馆。农中院是修复的一个大型的老院子，现在把川剧流派资阳河高腔放了进去，川剧资阳河非遗表演就在里面的戏台上。村民经常在院子里喝茶闲聊，他们觉得这个空间像是他们的。

邱："三加二"在晏家坝打造的示范项目是哪几个？

徐：第一批我们把关的十二个院子都有现代业态注入，就是示范项目。十二个院子是一家一家的工作室，像丽江来的"旧时光"、曹贵民老师的电影馆、"三加二"的创客服务站等。我们希望每个院子每个月能举办一次活动，一年就有十二次活动。实际上，目前活动已经组织了一年多了，而且一年是二十四场，每个月两场。不是按院子，而是按机构来组织活动。我们有三大机构——"三加二""厚斋""捌楼捌号"。每个机构举办八场，共二十四场。这些机构积极性比较高，根本没考虑收取费用。

邱：明月村入驻的基本上还是个人，晏家坝入驻的却大多是机构，这些机构我们一开始就是有目的地去物色的吗？

徐：没有，明月村的经验教训是个体在村庄未来发展中不容易形成合力。相对而言，机构的支撑力更强一些，机构之间好商量问题，不因个人情绪影响工作。我们现在更看好机构对一个地方的支撑作用，在机构之外，也允许个人以点状方式入驻，丰富村庄的业态。

邱：除了举办活动外，有没有村民在十二院找到工作？

徐：我们"三加二"租赁的小院就直接在当地找了八个人，包括快生二胎的房东媳妇。我们做示范、做陪伴、做孵化，带领村民做管理、做教学、做参观服务等。这些村民都培训得差不多了。

邱：请谈谈"三加二"与镇村领导的关系协调。

徐：晏家坝的村支书是全国人大代表，很能干，比较强势。村子发展到现在，已经有很多规矩，一般人不能动。如果镇政府缺位的话，在基层就依靠村两委，在上面就直接找区政府。如果镇政府比较强势，就以镇政府来解决村上的问题。但是，区县、镇、村三方中，必须要得到其中两方的支持。

邱：您说过乡创项目中机制很关键，机制在晏家坝项目上如何体现？

徐：首先，项目推进的时候，最主要是与县里的平台公司合作。比如说平台公司要尊重我们的策划，操盘时要尊重我们的指导，这就是机制。第二，我们要帮助当地招商引资，我们需要研究怎么招商引资，有什么政策支持，这也是机制。第三，我们与政府的讨论意见变成政策文件确定下来，这是组织机制。还有遇到矛盾的时候，我们怎么来协调，这些都是机制。

邱：晏家坝项目有没有什么可以让他人借鉴的系统？

徐：我们的项目都是以系统取胜，比如说我们想留住田园，就必须保留乡村产业制度，保护当地的传统优势产业，建设好社区，解决房屋改造、业态植入、政治、经济、文化、人等问题。我们帮助村民成立和孵化合作社，发展集体经济，鼓励和引导市民下乡，这些都是系统。

邱：晏家坝的品牌性项目、支撑性项目和发展性项目分别是哪些?

徐:说到农业,在目前的情况下,晏家坝的伍隍猪是可以发扬光大的,可以增加附加值,这就是农业的品牌项目。晏家坝的果蔬业本身就很有名气,只不过现在被淡化了,但通过包装,也可以发展得更好。类似这些就是基础性的支撑性行业。在这个基础上,发展性项目是我们引入的文创。

邱:您觉得晏家坝案例还有什么值得强调的?

徐:总体上讲,我认为晏家坝是比较全面、示范性较强的一个案例。从策划到操盘运营比较完整,但在操盘过程中也有权力比较任性的情况。我们的基本原则是不违背政策,基本规律都尊重地方的意见。在面对地方的要求时,我们可以在适当的范围内给予满足,因而我们能够和他们和睦相处,总体上比较协调。

(二)操盘手牟师访谈

访谈时间:2021 年 12 月 28 日

访谈地点:资阳市雁江区晏家坝村今是民宿

访谈对象:牟师(以下简称牟)

访谈人:邱硕、丁柳柳(以下简称邱、丁)

丁:牟老师好,这段访谈主要是想了解晏家坝项目操盘的具体情况和协调各方关系的方法。首先,请问经过您的调研后,晏家坝村有什么优势?

牟:第一,晏家坝的果蔬业发展较好,果蔬品种好,种植面积大,被称为资阳市的"菜篮子"和"果盘子"。第二,晏家坝的乡村旅游基础好,周围有几个大型的农家乐,都是个人承办的。例如雾里水乡、明苑湖、西建农庄等。第三,晏家坝的伍隍猪是地方保护产品，也有一定的发展可能性。第四，晏家坝的区位好，有两个高速公路的入口，距离市区只有十几分钟的车程。第五，村庄格局非常好，保留较为完整。

邱：当时您在操盘时有没有依靠 ABC 项目法或者其他方法来指导？

牟：有的。只是体系没有那么完整。在操盘前，主要操盘团队要接受过"三加二"平台的培训，学习一整套资源判断法（ABC 项目判断法），之后操盘就按照这个方法进行工作。这套方法关注产业、农民和集体经济，因此进村后，我们必须判断区位交通、资源优势、基础条件、产业和文化特色等，才能决定村庄的发展方向。

丁：晏家坝村的战略定位是怎么定下来的？

牟：做乡村必须要党建引领、政府主导，这是纲领性的东西。习总书记强调把实施乡村振兴战略摆在优先位置，坚持五级书记抓振兴，让乡村振兴成为全党全社会的共同行动。政府要主导，农民是主体，加上"三加二"的专业操盘，形成一个整体。

丁：中国乡村公园社区的发展定位是怎么研究出来的？

牟：公园是开放的、不收费的。成都在做"公园城市"实践。公园城市的乡村表达就是指把乡村打造成可进入、可参与、景观化、景区化、不封闭的地方。我们将旅游景区的设施嫁接进去，将原有的生活区、农业生产区、生态涵养区等功能区域进行梳理，植入新业态和消费场景，把农田景观化，乡村公园就设计出来了。"三加二"进村后，开展座谈会，邀请在地的企业、村两委、政府参加，广泛收集各方的意见，根据大家的需要开展工作。

丁：政府方面对晏家坝项目有什么要求？您与他们是如何沟

通的？

牟：在接到任务后，徐耘老师说："晏家坝村要率先呈现，有品质地呈现。"这给我带来一定的压力。从11月份到第二年的10月份，不到一年的时间，中间碰到节日放假、疫情隔离，但我们把任务完成了。国庆放假前一天，市委市政府四大班子到晏家坝参观，比较满意。操盘手必须具备上下沟通能力，懂得如何对接政府，要学会变通。在和政府沟通时，我们遇到过一些小问题，但也能在互相理解的基础上，灵活机变地解决问题。

举例来说，区委想要将晏家坝村命名为"晏家坝乡村振兴公园"，"三加二"取的名字是"晏家坝中国乡村公园社区"，不想更换名字，但又不能忽视区委的意见。怎么办呢？我们不反对区委用"晏家坝乡村振兴公园"这个称呼，但是，我们仍然使用"晏家坝中国乡村公园社区"这个叫法，将矛盾悬置起来。再如，有领导参观了另一个村子的做法，他们在村子周围修建了一条水沟，在水沟外修建新项目，建议晏家坝乡愁巷是不是也照做。"三加二"不太赞同这种做法，我们没有在乡愁巷修建水沟，而是变通地在晏家坝村公路旁借用原有的一条水沟打造水景观，根本的设计未做变动。这些意见其实没有对错之分，所以做乡村要把握变和不变的关系，可以在小问题上让步，根本问题一定要坚持到底。

邱：操盘手对综合能力要求很高。

牟：对。操盘手他既要掌握土地、规划、设计、工程建设等相关知识，更要熟悉相关政策，还要有上下沟通、左右协调、把控现场的能力。操盘手要能和政府对话，站在对方的立场上换位思考。处理问题要讲究方式、方法，不能蛮干。

邱：保和镇的领导对晏家坝项目有什么要求吗？

牟：五级书记抓乡村振兴。到了基层，我个人体会县（区）书记最关键，决定项目的成败和快慢。镇一级是执行，做好群众工作，和村两委负责村民的思想工作，帮助我们在村中建立信任，更好地推动后续工作的实施。

丁：晏家坝村两委如何看待"三加二"的操盘呢？

牟：村两委对乡村振兴的做法缺乏明确的概念，需要具体化，需要培训。第一，我们改变了村庄面貌，村庄变得更整洁美观。第二，我们通过招商引资，引进新的项目，打造了新的业态，为当地村民提供更多的就业岗位。第三，我们租用当地的房子20年，进行改造，期满后将房子归还原主。第四，我们帮助村民发展集体经济，成立合作社。第五，我们协助村里引进政府资金，完成基础设施的管理。最后，新机构入驻带来了新的精神面貌和生活方式，逐渐影响当地村民。

丁："三加二"对于引进的项目有什么具体要求吗？

牟：有。根据策划，我们计划在晏家坝发展乡村旅游和文创产业。在文创方面，我们设计了"八馆十二院"，邀请城里的机构入驻，例如成都的捌楼捌号。我们在做规划时预先计划了村中的业态，根据具体的需求来引进项目及其数量。其次，我们通过和政府沟通，为入驻的艺术家提供一定的补贴，以此鼓励艺术家们进驻晏家坝。举例来说，晏家坝的乡创学校是由政府的平台公司、"三加二"、村两委和四川省乡村旅游协会四方参与完成的项目。

丁：项目的时间点是怎么控制的？

牟：一个项目分成项目建设、产业引进、组织合作社以及社区营造。晏家坝项目从策划、操盘、新社区营造、合作社孵化到乡村运营，都由"三加二"团队负责。首先，我们先进行策划，需要在两个月内完成。其次，设计师要在三到六个月完成设计图的绘制。一般来说，三个月以后，我们的工程建设就要启动。持续一年，村庄的雏形就能形成。但是真正完成整个过程需要两年。第二年的工作以合作社组织和新社区营造为主。新社区营造之前，社工师就需要和策划一起进场，完成文化调研的工作。半年以后，一些项目入驻，合作社组织有一定基础后，孵化师再进来，这样更加高效。但是合作社孵化师前期仍需要关注项目的运营情况。

丁：操盘手要如何处理乡村设计师、社工师和孵化师之间的意见分歧？

牟：这三者间，社工师和设计师可能有矛盾。社工师前期梳理了一些资源，设计师如果没用上，他可能会产生失落感。此时，操盘手需要根据规划和材料梳理进行判断，适当取舍，还要做好协调工作。如果操盘手遇到棘手的问题，可寻求导师的帮助，共同来协商。而合作社孵化师比较独立，他的工作主要是成立合作社，孵化运营管理的人才，只要将运营和合作社相关内容梳理清楚就可以了。

邱：但是合作社孵化师和民众之间容易产生矛盾吧？

牟：合作社容易和村两委产生矛盾，因为双方对于工作边界的看法不同。村两委可能希望孵化师尽可能多干一些事，但其实合作社没法包办村上所有的社会事务。因此合作社孵化师的工作边界一定要向村两委解释清楚。

丁：乡愁概念在晏家坝乡村公园社区是如何体现的？

牟：乡愁主要看村庄留下了什么，可能是一栋房子、一口水井和一座晒坝等，这些都是乡愁的一种体现。有形的物品容易保存，非物质的不一定能保留下来。"三加二"不仅想要留下有形的物，更想要创造空间展现非物质的东西，像是三崇堂乡愁记忆馆有专门的老物件展示外，还有一些传统工艺品展示。

邱：核心区域举办各种各样的活动，比如说资阳河的高腔、非遗戏台，是我们动用了外围的资源把他们融进来的，而不是我们本村的？

牟：非物质文化遗产在一定区域内共享，很难具体到某个村。"三加二"想要引入非遗，就把区域稍微扩大一点，放入更多的元素，业态更加丰满的同时，也保护了这些传统文化。"三加二"在资阳市内找到了两家剧团，邀请他们入驻，定期在晏家坝表演。文化展示也需要具体的空间，正好可以利用修复的历史建筑来展陈，例如三崇堂里有川剧资阳河流派的展览馆，农中院有戏台和老茶馆。这样一来，建筑内部的公共空间也得到了充分利用。

丁：一册、一图、一表这三个工具在操盘的过程中发挥了多大的作用？

牟：一册是工作手册，一图是规划图，一表是项目时间规划表。一图、一表最重要。制作完"一图"，整个规划就完成了，项目的落点能在图上清晰地呈现。但是，操盘手仍要处理好变和不变的关系。图不是一成不变的，项目位置允许挪移，可是根本的理念和原则不能变。"一表"体现了项目工作的时间节点，凭此对接各方工作，把控时间。而工作手册的意义在于把平台的理念贯彻下去，实现人员的管理，最高效地发挥个体的作用。

丁：乡村营造要带出三位助理，分别管理工程、社区和合作社，"三加二"是如何挑选人员的？

牟：首先，最好选择村、镇上的人担任，能长期、稳定地服务。其次，工程负责人最好从镇政府从事集镇建设方面的人员中挑选，参与"三加二"的工程建设活动。关于社工师，"三加二"

希望能挑选村、镇上年龄稍大、说话有一定分量的人，最好有一定社区工作经验。"三加二"比较看重合作社孵化师的助理挑选，希望能从村里选出。但是，在实际操作中不一定能配齐非常合适的三位助理，也要根据实际情况进行调整。培训分为理论和实践两部分，理论培训由"三加二"平台公司负责，实践培训是由实际操盘团队带着助理一起进行乡村营造，帮助他们成长。

邱：您觉得晏家坝案例还有什么需要强调的？

牟：操盘手作为项目负责人，遵循平台指导下的操盘手负责制、过程控制、程序合法化、把握工作边界四个原则，参与项目策划，掌控过程控制，实现理念、项目和政策落地。操盘手是枢纽，要对接好政府、设计、施工单位和平台，这要求操盘手具备相当的知识，懂得合理判断，调和关系。

（三）设计师魏向阳访谈

访谈时间：2021 年 12 月 28 日

访谈地点：资阳市雁江区晏家坝村魏向阳工作室

访谈对象：魏向阳（以下简称魏）

访谈人：邱硕、丁柳柳（以下简称邱、丁）

丁：魏老师好，请问您刚刚进入晏家坝调研时，这里有什么可以吸收到设计中去的当地传统文化因素、特色建筑之类的吗？

魏：晏家坝最开始的状况比较艰苦，我们进来的时候下脚都很难，道路没有整治，到处是粪坑，鸡鸭到处跑，味道非常难闻，简直就觉得这个项目没办法做。

邱：但是我看网上写，晏家坝村支书曾经在十几年前带村民修过路？

魏：只修了一条路，就入口的那条。

邱：其实晏家坝里头是没有的？

魏：嗯。那条路还是比较早的。晏家坝比较重要的一个资源是建筑比较有特色。老房子基本上被拆完了，留下的建筑都是20世纪80年代新修的，但是有些门头造型还是保留了一些特点，不是纯粹川南传统民居风格，而是靠城市一点。我们就发现设计可以从这里入手，不是把晏家坝完全变成常见的那种青瓦、白墙或者院门墙的设计。在我的观念里，不能把晏家坝彻底变成城市，而要找准它的特色、特点，所以我们做了第一个阶段的设计，就是确定整个风貌的调性。做出来之后，操盘团队和业主方都觉得还可以，这种调性就延续到晏家坝乡愁巷的梳理中。在做乡愁巷项目的时候，我们发现了两个老建筑：三崇堂、农中院，但是这两个地方原来基本上都是废墟，只剩了几根柱子，杂草丛生，不过地基还比较完整。

邱：三崇堂本来是一个大户人家的住房、祠堂还是什么？

魏：私人住宅。我们看了那个建筑的风格和雕花样式，建造时代可能会上推到明末清初，最少都是清中期。

邱：三崇堂是不是现在业主那一家人祖上的房子？

魏：不是，土地改革过后，三崇堂从原来一个整体的大院子分成了几块。我们来的时候，看到里面都是一些猪圈。我们按照"新则新之，旧则旧之"的原则，把它全部重新恢复起来。为了完善三崇堂的业态，我们把三崇堂几处闲置的民居改成了四号馆，就是乡村美术馆——一个现代化的建筑，跟三崇堂对接，把它变成一个四合院的围合状态。三崇堂不一定完全是一个古建，我希望我们的乡村在未来是最时尚的地方，所以四号馆修得非常时尚，四号馆是上海的一个设计师设计的。

邱：除了新的部分之外，三崇堂老的那一部分，您说其实已经算是坍塌的状态了，那是按照哪个样子来修建的？

魏：也没有完全坍塌，有一部分还有骨架，我们是用最传统的方式来修复，先把整个骨架抬升起来，而不是把它拆下来，拆下来就还原不了了。我们把骨架抬升起来，重新校正、修正原来的地基，然后再把骨架往下面落，之后重新调整，缺了的就补齐，这样我们就还原了晏家坝最早的三崇堂。

邱：有些老村民见过建筑本来完整的样子，恢复出来的和他们印象中的是不是一样的？

魏：我们没有具体去问过他们，但是三崇堂修完了后，村民们车水马龙般地去看。因为三崇堂在晏家坝人心目中算是一个精神高地，所以我们当初做三崇堂设计的时候，就希望把它做成一个精神空间。三崇堂恢复出来，基本上是原貌，能够保留的全部保留，缺了的、坏了的我们都是按照原来的形式重新补充。我们古建修复有两种方式：拆了重建或者修复，三崇堂是一个真正修复出来的古建。

我们在恢复的时候也考虑到业态，现在三崇堂有农民夜校、规划馆、乡愁馆、书馆、乡村美术馆等，五号馆是一个展厅。我们做四号馆的时候，是比较犹豫的，在乡村做一个这种体量的美术馆，有一定的困难。我们花了很多时间研究乡建项目里面的艺术建筑，四号馆出来之后效果非常好，第一个展览是邀请一个资阳本土的画家和一个广西的画家来展陈他们的画，他们分别画的是晏家坝以前的样貌和"雁城八景"，展览还是比较成功的。第二个展是办的晏家坝小朋友的画展，也很成功。但办展览都不是最成功的，最成功的是儿童艺术机构"夏加尔"长期租用这个空间，使得这个空间活了。它把这个地方作为一个美学基地，小朋友们随时都可以来画画，这是我们最想要的，因为我们还是很担心做了空洞的设计，只是把空间拔高了，最终没有用。

农中院原来其实是跟三崇堂连在一起的，只是被烧断了、废弃了。我们修复农中院时就用了更简约的方法，依照原来的结构，保留原来的基础，把它变成一个民居型的建筑，并把川西农村老茶馆等灵活安置在里面。如果三崇堂是精神高地，那么农中院就有烟火气。我们也花了很多时间研究资阳的在地文化，找到了资阳河高腔。资阳河是川剧的发源地之一，资阳河高腔是川剧一个重要的流派，这个文化再不整理的话，会彻底消失。资阳还剩下一批70、80岁的老人会资阳河高腔，这一文化的传承需要舞台，于是我们就在农中院搭起了舞台，并请了一位很有情怀的、专门整理资阳河高腔的年轻人来主持这个工作，农中院已经搞了很多次川剧表演，老百姓都非常喜欢。

邱：舞台上的那些木雕装饰，是您到民间去收集的还是设计出来的？

魏：有些新的是我们设计的，因为舞台本来是不存在的，是我们根据民房改造的。我们还引入了堪嘉舞狮，堪嘉是我们资阳的一个乡镇，舞狮的名字一直延续下来，我们请他们在农中院做了舞狮活动，很热闹，村民很喜欢。在乡建这一块儿，我们设计师团队对空间的使用原则是要让它变得可以用。艺术家建筑，比如我的工作室，是开放式的，居民随时可以来，因为这是晏家坝的房子，我们一直认为艺术家进入乡村是为了扶持和引领乡村，而不是占领他们的土地和资源。我做艺术培训，主要目标是把城市的人引进晏家坝，享受乡村的景色，进行城乡结合、融合。这个过程可以对村民起到非常关键的引领作用，包括生活方式、生活习惯、科技、艺术性等的引领。我们还做了一个私人艺术展，也很成功，这个展览之后，成都很多艺术机构跟我们联系，希望在这里办展览、搞活动，官方也愿意把艺术馆作为一个文化交流的基地。用这些方式把空间真正运用起来才有价值，否则就是空话。有人问我要不要把院子买下来，这是不可能的。第一，土地政策不允许这样；第二，晏家坝是属于晏家坝村民的，而我们只是过客。

邱：你们不只是在做设计，其实是在做乡村振兴、乡村建设。

魏：对。只要有空我都会在这里，我们每个月都有培训，培训也是弹性的，分为两种：一是面向城市收费，二是针对乡村的公益课，免费公开。我们这么多年也积累了很多经验，成都或者外地的人也在我们这儿办展、开讲座。这个就叫陪伴乡村。徐耘老师讲"初心"，他是真正在做这个事情。我以前带的是独立团队，我的设计团队在全国做项目，就是挣钱。但是现在真的被徐老师带着热心做公益、陪伴乡村，确实只有这样中国的乡村才能发展得更好。

邱：您是从乡村出来的吗？

魏："我来自乡村""我是农民的儿子"，这仅仅只是一种说法，不管是不是从乡村里出来的，都要有情怀。我两岁就从乡村出来，哪里还懂得乡村，但骨子里面有情怀。加上徐老师太强了，很有力量，经过他慢慢引导，渐渐地我就进去了。中国是一个以农耕为基础的社会，古代很多大文豪都是从农村走出去的，中国文化的根在乡村。未来的乡村不会像现在我们很多人所认为的，是落后的、卫生条件差的、环境差的地方。中国未来的乡村是最有文化的、环境最好的、人居条件最优越的地方。我们现在也致力于把科技和智能应用引进来，未来的中国乡村一定会智能化，不比城市差。晏家坝项目到现在差不多两年，晏家坝村已经彻底变化，但是我们没有把它变成一个老百姓不认可的地方，所有老百姓都是真正从骨子里面感激我们的团队。

邱：在整个项目实施过程中，你们和村民有没有过矛盾？

魏：最开始矛盾是不可避免的，因为村民不了解我们要做什么。但只要真正在为他们做事情，一定会感动他们，情况也会改变，他们会觉得这群人确实不是来抢东西，而是来帮助乡村发展的。我之所以能够做乡建，是情怀使然，也跟这个时代有关系，历朝历代没有多少真正关心农民的政府，而我们这个时代，政府从精准扶贫到乡村振兴，是真的重视乡村发展，我们的政府很有力量，农民在这个时代会真正得到温暖和实惠。我非常赞同徐老师关于农民是主体的观点，不能用做项目的心态去做乡村振兴，农民才是主体，才是发展的力量。比如扶持村民自主创业，村民要搞民宿、餐饮等，我们的设计师团队免费给他们画草图、做指导。初心和情怀很重要，我愿意跟徐老师一起继续做乡村振兴项目。

邱：所以设计师团队是"三加二"体系里的一部分，并不是单一的。

魏：对。以前我们认为设计团队很了不起，但是做了"三加二"的乡村项目之后才真正意识到，"三加二"体系是做宏观把控，我们是做微观工作的，我们是在宏观的体系中去完成该完成的任务。

邱：您是怎么来梳理晏家坝的空间布局和田园景观的？

魏：我们整个团队对所有地点都做实地勘察，经过仔细探讨和研究，提出了"人文乡愁"的理念。人文景观和晏家坝已经具备的独特的自然景观对接，就有了完整的人文乡愁。在人文景观方面，我们以巷道为基础，把各个点位连接起来。自然景观方面，晏家坝的自然景观很好，比如沱江那一片全是油菜花，非常好看。景观梳理出来以后，加上道路的设计，就是完整的中国乡村人文景观和自然景观旅游地。

到今年为止，自然景观与人文景观的对接基本上完成，当然还有很多细节要做。后面就看晏家坝自身的发展，我是充满信心的，它自身的动力是比较强大的。成都有很多机构、团体和个人在跟我们设计师团队对接，他们也希望在晏家坝找一些工作室来做事情，这就是晏家坝自身的动力已经开始启动。

邱：刚刚魏老师谈的基本上是一期的工程，二期工程也是您为他们设计好再由其他的单位来施工吗？

魏：我们设计师团队主要负责总设计和总策划，施工是由专门的平台公司在做。至于晏家坝能够往外面扩到哪个程度，能够对周边的乡村产生多大影响，还需要时间。目前第一步已经把富家村跟晏家坝合并了，为晏家坝的发展和扩展留足了空间。

邱：村子里有渔船、古井的设计，这些也是你们在前期发现和设计的吗？

魏：是的。你看，村里有些指示牌是船的形状，就是根据晏家坝的生计情况设计的。晏家坝有花溪河、沱江河，以前有很多村民打鱼为生，所以渔业比较发达。后来因为环境保护，这一带成为禁渔区，打鱼的人就没了，遗留了很多老船，我们就把这种江河元素植入到设计中。村口那七块景墙的材料，全是我们在晏家坝收集的旧砖旧瓦。七块墙是因为之前晏家坝有七个组，一块墙代表一个组，这是晏家坝完整性的象征。我们设计师团队在做乡村设计的时候，注重节约，注重对在地文化的收集和研究。这就是本地资源加上新技术的结果，既在设计方面保留原貌，又把当地老建筑材料跟新的建筑材料进行融合。晏家坝项目最难的就是如何把整个风貌做起来，我们整个团队基本上那一年都在这儿，现在看到的样子已经完工了。

邱：那一年你们团队一共有多少人在这儿？

魏：设计师团队有七八个人专门做这个项目，我们有很多合作单位一起做这个事情，整个晏家坝的图纸我们都画了几千张。

丁：魏老师，乡愁巷跟民居点全部连在了一起，当时您是怎么去设计乡愁巷的？

魏：我们刚进来的时候，发现晏家坝几个组连在一起是一个条形，这是晏家坝的一个特色，以前我们看到的村庄都没有形成这种形状，都是东一处西一处。操盘团队和策划团队就决定按照这个特点，用我们设计的一条游线将晏家坝连接起来，在连线上做风貌和点位。晏家坝靠近城市，原住民有产业，村落又是临水而居。这条乡愁巷正好和沱江平行，这种独特的感觉刚好就跟游线连接，很有价值。晏家坝以前的水路很有价值，加上渔业比较丰富，乡愁巷就成了独特的景观。现在我们又恢复了两个码头作为观光点，也体现了晏家坝的特色。

丁：乡愁巷旁边设计师小院的布局有什么讲究吗？

魏：我们来的时候，后来属于设计师小院的所有空间都是闲置的，没人居住，是危房。我们团队就联系村民和村支书，将闲置的空间租赁过来，每个月交租金，20年后再把这个房子还回去。其实就是利用闲置土地，只是我们招艺术家进来的时候，会根据工作室体量、性质等进行布局。比如我的工作室，所有人都认为是我选的，其实是选剩的。这房子以前根本下不了脚，经过"5·12"汶川大地震，三面墙都裂了缝，是危房，我为了安全起见，拆掉重新修，花了很大的代价。之前，艺术家们会觉得自己为啥要跑到农村去住，还要交租金？虽然政府有补贴，但是远远不够，20年后还要还给村民。现在他们的想法已经开始转变了，很多艺术家都希望在晏家坝找一个发展空间。当初我进入这个地方，从骨子里面就是想做乡村艺术建筑、做乡村建筑文化的示范引领。政府是有补贴给我，但我老老实实把这些钱都放进了这个项目，我们的目标始终是取之于民，最后还给农民。

邱："三加二"会联合其他机构在村里搞活动，后面进来的艺术家也参与了吗？

魏：有的。比如我们原来的创客服务站，它的功能完成后就不需要这个空间了。我的一个学生，就自己出费用把院子20年的使用权拿到手，做起了文创，非常不错，也很有意义。这样，空间的功能就完成了蜕变。我的理念是一定要为晏家坝做事情，做有意义的乡建项目。

丁：乡村酒店和"三加二"导师的驻扎站在村子最里面，但是乡创学校在村口，您是怎么考虑这样布局的？

魏：乡建有些点位不是我们可以完全控制的。乡创学校那个位置以前是村公所，村公所用不到那么大的面积，但位置很重要，他们就搬出来支持我们。徐老师和整个设计团队的李耘乐老师商量以后，觉得那个位置本身就是公共资源，做乡创学校最合适，它是开放式的，所有人都可以在那里接受培训。乡村酒店和会议中心是因为没有那么多土地，中国农村有土地红线、基本农田红线，这些都是不能动的，当时只剩那些闲置宅基地的位置了，于是我们就只能这样来布点。

丁：在设计晏家坝社区的时候，有没有考虑过它的边界问题？

魏：我们没有特别标明，行政区域是官方划分的，我们不会过多干预。晏家坝肯定会发展，因为它已经起到了一个示范引领的作用，以后肯定会辐射到其他村。虽然是公园社区，但晏家坝从来都不是一个景区，乡村振兴不是在做旅游项目，把农村变成一个旅游项目，村民得不到实惠。我们把城市里的学生引到这里来上课，除了上课，还有其他的消费，来的人多了就活跃了其他经济业态，这是连锁反应，我们希望这种连锁反应越来越多。

（四）社工师曹贵民访谈

访谈时间：2022 年 1 月 18 日
访谈地点：线上访谈
访谈对象：曹贵民（以下简称曹）
访谈人：邱硕（以下简称邱）

邱：一个社工师在接手项目之后，首先要对项目村庄的情况进行调查，包括历史、地理、文化、产业资源等，我看过您写的《晏家坝人文历史情况调查报告》，非常详细，请您介绍一下晏家坝项目前期调研的情况。

曹：晏家坝项目最大的特色是在人文和历史上有节点，比如三崇堂和乡愁巷，都是人文和历史的节点。在前期调研阶段，社工师要直接到村里面，跟村里面的老人们、熟知这个村原始历史架构的人进行交流。我们刚去的时候，几乎走访了晏家坝所有 70 岁以上的老人，做了口述史的采访，也做了文字记录，这些一手资料对导师和操盘手决定项目的方向和亮点起到了重要作用。正是在调研中，我作为社工师挖掘出了三崇堂、马家院子、朱家大院、地道、字库塔等一大批文化历史的亮点。

邱：您刚刚谈到是对 70 岁以上的老人进行访谈，除了年龄这个因素之外，对比较了解晏家坝村的文化人有没有比较侧重的访谈？

　　曹：有，比如说晏家坝村的乡贤李先贵，是一个在这个村生活了一辈子的老人。他最早是晏家坝村的干部，后来调到乡里去工作，再后来又回到村里当干部，他对这个村的文化历史节点烂熟于心。但因为记忆的原因，有些东西跟别的老人记的有些不同，这种情况在农村访谈中是常见的，我们就用科学的标准来进行界定。

　　邱："科学的标准"是指翻阅地方志等文献吗？

　　曹：对，我们到官方的一些文件里面去查找。为了核实他们说法不一的情况，我专门去雁江区档案馆查阅了大量关于晏家坝村的三崇堂、清朝墓碑等的资料，我也去史志办进行了解。社工师的工作也相当于做田野考古和田野调查，但仅仅有田野考古和田野调查是不够的，还需要到官方的档案馆、图书馆、史志办等处进行核实，将两方面结合起来，才会使我们掌握的资料更加充足、准确。

　　邱：恢复后的三崇堂植入了很多东西，如书馆、乡愁记忆博物馆、农民夜校、川剧资阳河流派的展览等，特别是乡愁博物馆集中展示了晏家坝的很多老物件，您是如何挖掘到这些资源的？

　　曹：对于一个社工师来说，这是一个技巧。我们在做乡村调查工作的时候，要一次性做很多工作，比如了解晏家坝的人文历史，不是单独只有这一项调查，在进入村民家后，我会问他们家里面有没有珍藏的老物件、老照片、老信件等。很可惜的是，晏家坝1981年发了一次特大洪水，所有人家的房顶都被淹没了，泥沙把房子堆了半截，光清理泥沙就用了三个月，老百姓家里的纸制品，如家谱、老照片等都被"洗白"了。但是我们还是收集到了一些洪水冲不走的老物件，比如传了几代人的针线盒。

邱：对于村民而言，这是比较珍贵的东西，您是怎么说服他们捐到乡愁记忆博物馆的？

曹：我说现在家家有缝纫机了，这个东西基本上没用了，但是我们要让孩子们知道当年的辛苦，所谓"慈母手中线，游子身上衣"，要告诉他们这是怎么来的，要用这个东西讲故事。传了四代人的针线笸箩，承载着四代人的感情，虽然值不了几个钱，但是它传递的是一种感情，是对祖辈艰苦奋斗的一种思念，是人文的精神所在。

邱：所以您跟他们谈了之后，他们还是愿意捐出来展示到乡愁馆里？

曹：是的。甚至有个村民知道我在收集老物件，主动来找我，我去看了以后，真是好东西。像这种例子是很多的。

邱：晏家坝的历史文化是比较深厚的，很多挖掘出来的东西，是不是最后还是没有落实到空间呈现上呢？

曹：没错。因为我们所做的是乡村振兴的示范项目，只能做几个点位，这些点位里边，只能是略见一斑，见不到全貌。要想把全部的东西都用起来，一方面是资金不足，另一方面工程浩大，所以跟地方的政府协商以后，我们选择做几个点位，把这些点位先呈现出来，带动城里的居民下乡，把产业做起来。这样我们就舍弃了很多本来应该呈现的亮点，比如马家院子、朱家大院、字库塔、地道，还有一棵14个人抱不过来的大树。传说晏家坝是条船，字库塔是桅杆，桅杆的位置原来是这棵大树，据说树冠遮住了34家人的房子，后来因为这棵大树经常掉树枝，把老百姓的房瓦都打坏了，政府又赔不起老百姓的钱，就把树砍伐了，桅杆就没有了。字库塔是一个很高的白色建筑，当年砍树的时候也一起拆掉了，只有根基还在。这两部分没有了，晏家坝就没有那么漂亮了，现在一组的位置是晏家坝最美的，但是那个位置恰恰没有开发出来。当时我主张先做一组，再做四组，但大家觉得四组在中心，中心开花比较好。

邱：三崇堂里面有川剧资阳河流派的演出，这也是您在梳理的过程当中发现和安排入驻的吗？

曹：我原来在成都住的时候，就听过资阳河流派演唱的戏，但是时间已经久远了。后来我在晏家坝工作，平台让我同时负责临江镇的工作，临江镇的镇长是资阳河流派传人的徒弟，我因为工作认识了那位镇长，镇长就把他的老师介绍给我，老师又把资阳河流派的团长介绍给我。这个项目本来是要引到临江镇的，但后来因为工作需要，就引到了晏家坝。所以我们对地方文化资源的发现和引进，第一要敏感，第二要主动，第三需要人脉，整合多方面的资源来做。

邱：曹老师，我看到早期的材料里面有《晏家坝的早晨》这首歌，词是您写的，关于这首歌，您之前是怎么打算的？

曹：当时每个村都有自己的村规民约，但是晏家坝的村规民约太长，多达几百个字，老百姓可能记不住，我进行了精简，用"三字经"的方式精简为60个字，还是觉得多，之后又减成了20多个字，这样就把村规民约的事情解决了。之后，我觉得一个村还应该要有自己的村歌。晏家坝早晨的景色特别漂亮，如果有一首村歌能够专门将晏家坝过去的、现在的、未来的早晨整体呈现出来就非常好。这首歌也是有感而发，我当时准备做一个声音博物馆，正在录制晏家坝各种各样的声音，包括婴儿出生的声音、狗叫的声音、鸡叫的声音、鸟叫的声音、老人们早上起来吆喝的声音、地里唱歌的声音、人们拉家常的声音、猪打呼噜的声音等，一共录了70多段。有一天我专门为了录鸡叫和鸟鸣的声音、鸭子下水田的声音，凌晨 4 点多就出门了，在录制过程中突然来了灵感，大概不到半个小时就把歌词写出来了，后来经过了一些润色，让村里找人谱曲，但没有找到，这首歌也就没有流行起来。

邱：那很可惜。您在做社造的过程中，有招聘当地的社工助理吗？

曹：有一个，是党支部推荐给我们，我们经过考察以后，推荐给平台，平台认可之后聘用的。

邱：是晏家坝村里的年轻人吗？

曹：是雁江区另外一个镇的挂职村干部，后来在那边没有干了，就到晏家坝来。我们的初衷是想在晏家坝培养一两个人，但是晏家坝青壮年太少，我们选三个月都没选出来，在无奈的情况下接受了这个被推荐的年轻人。

邱：在社区营造的过程中，前三个月的投入是不是最重要的？

曹：我个人认为前一个月是最重要的，如果一个月之内还不能把最基础的资料收集好，那社工师就是失败的。虽然平台规定我们每个月待 8 天，但是我待了 2 个多月才回家。社工师的工作具有延续性，如果只工作 8 天，回去 20 多天，下个月才来，中间很多东西都会中断，不仅时间中断了，想法、念头、创意以及跟老百姓、村干部的感情磨合都会中断，这是硬伤。所以做社区营造工作，要靠自己的用心和自觉。

邱：前一个月主要是进行当地各种文化历史资源的挖掘，和当地老百姓、村委打成一片，而什么时候成立纠纷调解组织、合作社呢？

曹：这些组织没有那么急迫，如果过急的话会出问题，在没有完全掌握这个村的自然、人文、政治、生态的情况下，就去成立各种组织，会出现很多谬误，引起当地的反感。第一个月的工作要有目的性，要给平台的导师和操盘手以及设计师提供"子弹"，要让他们在社工师收集的材料基础上确定项目的方向、亮点、深度和广度。这些确定了以后，平台、导师和操盘手共同来决定项目的定位、设计、策划等。再根据整体策划案来决定落地，构建整体的社会组织架构，确定产业类别、成立合作社等，这是第二个月和第三个月才要做的事情。

邱：在您最早的计划中，要建立六个爱好者小组，包括美术书法、文学创作、电影音乐、旅游摄影、康养美食、体育健身，这些爱好者小组按照计划组织起来了吗？

曹：组织起来了，但是活动开展不多。因为刚刚组织起来的时候，晏家坝遇到了农忙，而且当时的晏家坝没有多少青壮年，他们的农忙季节几乎长达10个月，但在此期间，我们见缝插针办了一些活动，比如西建长廊里的照片都是我们的摄影小组拍的，小组成员主要是留守老人和留守妇女。我们也组织了少儿绘画大赛、妇女舞蹈歌咏赛、"家有绝活"等活动，这些活动可以增强村民的凝聚力。

邱：我看到社区营造要求完成三件事，包括解决环境问题、安排农民夜校培训、举办公共活动。刚才您所说的这些活动是举办公共活动当中的一部分，对吧？

曹：对，其实都要融合在一起，不能刻意分开的。比如我们要开一个会，我在会上组织大家一起唱歌，进行分小组猜谜语等活动，这样老百姓的参与感比较强，我们的活动也以很活泼、很自然的形式融合在与村民的互动中。

邱：村民的积极性怎么样？

曹：从无到有，从认识不清到积极自觉参与。我们先从关爱老人等活动拉近大家的距离，因为我是搞电影收藏的，有一定的条件，我就把放映机带到村里去给村民放电影。比如八一建军节的时候，我把放映机架在一个抗美援朝老战士的家里，专门放抗美援朝题材的老电影，村里面的人几乎全都来了，大家把院子围得满满的，这位老战士非常高兴，也非常感动。通过这种形式，老百姓知道我们是为他们好才到晏家坝的，我们会让晏家坝发展更好，他们知道了我们的真诚与好意，自然就接纳我们了。

邱："三加二"倡导的社区营造还要求办社区报或者黑板报，晏家坝办了吗？

曹：在晏家坝我们办的是纸质的社区报，我在的时候一共办了四期，一个月一期。我走了以后，把第五期的提纲也交给他们了。我觉得社区报非常重要，它是老百姓能够抒发感情的、了解村里村外事情的窗口。

邱：社区报的人手是怎么安排的？

曹：我们是以三加二读书荟的名义，联合晏家坝的党组织，我和我的助理主办。我们向操盘手、设计师、党总支成员等征稿，每篇文章限制在 80 至 150 个字，不能长篇大论。我们还征集一些文艺作品，如村民们写的小文章，拍的照片，写的短诗、歌谣等。我们也专门留了一个园地，让老百姓对干部的工作等提意见。

邱：一期发行多少份呢？

曹：因为乡、县、市都要送，所以第一期印了 500 份，后来发现根本不够，又加印了 200 份。第二期，大家采纳了我的建议，印 1 000 份，其他期也是如此。

邱：村民的话，是发放给他们，还是让他们去哪里领呢？

曹：我们就放在游客中心，老百姓都是自觉去拿，每一家都要看。社区报出来晚一点，他们要问报纸怎么还没出来。这也是对村民向心力的凝聚。

邱：社区营造第二年应该抓紧促进新村民和老村民的融合，一方面鼓励老村民创业，另一方面吸引市民下乡。晏家坝是怎么开展的？

曹：吸引新村民到晏家坝来旅游创业，这是一个核心的工作。晏家坝的定位是新村民和老村民的融合的旅居项目，我也兼任招商小组的组长，我们就跟地方政府一起大力招商，现在晏家坝所有落地的项目几乎都是招商小组招过来的，有一些是平台机构，有一些是个体户，比如有一个丽江开客栈的老板，我跟她们母女几个谈了很多次，后来她看中了我选择的一个院子，我说没问题，让给了她们家。后来我就选了一个大家都不愿选的院子。

邱：对入驻的机构和个人的选择标准是怎么定的？

曹：有四个标准。第一是差异性，因为是示范项目，具有唯一性，所以每一种业态只有一个。比如魏向阳老师的厚斋工作室，就是设计类的；谢英老师是画家，就要以画画为主题做画家小院。每一个小院的定位是不一样的，这就是差异性。第二是互补性，注重各个业态之间的互补，比如书画跟设计、民宿跟博物馆的结合。第三是人员的多样性，我们的人员既有本地的，也有外地的；既有近的，也有远的；既有现代的，也有传统的。第四是招收的小院院主身份的多样性，既有大学的教授，也有普通的新兴产业小老板，身份多样。

邱：在鼓励老村民创新创业方面有没有什么措施？

曹：比如李先贵是晏家坝最早开民宿的，可提升空间很大，我们请设计师免费给他设计门楼，给他的每间房子设计一套方案，再根据他的意见进行更改，很快就完善了。又比如晏家坝的一个年轻妇女想开超市，无论是村民还是游客都需要一个超市，但是这个超市需要我们来把握调性，我们的策划师免费给她做了设计，她按照我们的设计也很快完工了，虽然在施工过程中遇到各种各样的问题，但我们都协助她解决了。

邱：您觉得晏家坝的社区营造还有哪些地方是可以给其他项目以启示的？

曹：社区营造第一要以人为主，要做好不同人的沟通工作，比如村干部、农民、乡贤、留守妇女、孩子以及外来的业主，这些都是不同身份的人，要用不同的沟通方式来做他们的工作。第二要舍得吃苦，一定要深入每家每户，了解清楚每一户人家的过往历史以及他们对未来的期许，要想尽各种办法把村民的信息全部摸清楚，搞清楚这些以后，下一步的工作才能顺利开展。

（五）合作社孵化师双丽访谈

访谈时间：2022 年 1 月 4 日

访谈地点：成都市蒲江县明月村

访谈对象：双丽（以下简称双）

访谈人：李彦霖（以下简称李）

李：您大概是什么时候进入晏家坝的？大概待了多久？

双：2019 年 12 月进入，到 2021 年 7 月离开，大概一年半的时间。

李：您主要的工作内容是什么？

双：我帮助他们成立了旅游合作社。他们有其他的合作社，比如蔬菜种植，但是那些合作社是他们原来成立的，有自己的运营模式，"三加二"不好参与。成立旅游合作社是有难度的，没有实际资金注入，政府也没有提供资金，所以运营就很成问题。我在那边给他们组建了一个运营团队，一直到我离开之前，政府给了一定的运营初期的费用，坚持了一段时间，后来晏家坝的物业对外出租，收了一些租金来支付。

李：合作社的村上对接人是谁？

双：他们的村支书和村主任。实际上那边的事情太多了，而且问题在于"三加二"把所有的外来参访和接待全部市场化了，但是晏家坝村民的思想观念还没有完全转变，市场观念不强。"三加二"接待要收费，除非是政府出了函，说明了需求，才不收费。"三加二"希望大家把来访的人员推荐给合作社，让我们来接待，这样才会有一定的收入。但由于村子一直没有市场化，每一次接待他们都认为对方很重要，要村上亲自接待，就不好收费。

李：合作社经营的产业有没有创造出更多村民就业的岗位？

双：合作社当时只招了两三个人，把日常的工作撑了起来。其他村民可以通过土地流转、农场务工和引入的项目实现就业。"三加二"在当地解决了一部分村民的就业问题。

李：您是如何培养这几个招聘的人员在合作社工作的？

双：一开始在晏家坝招人比较困难，大家对"三加二"不是很信任，觉得我们干得很热闹，他们没什么参与感。后来我待的时间长了，信任感逐渐建立。我们中途换过很多人，没有合适的人。另外，合作社一开始工资不高，年轻的男孩子根本就留不住，因为他要养家糊口。后来，合作社稳定下来了，三个人都是村里的女性，白天有时间上班，做事非常积极。我完全是手把手地带她们，跟她们相处得非常愉快。到现在为止，这几个妹妹还在村子里工作，全被负责运营的朱玲接手了。

李：如果当地的村民创业遇到困难，你会怎么帮助他们？

双：晏家坝根本没多少村民来创业。有个别村民的几个项目得到了村上和镇上的支持。比如说有一个村民要创业，开个小卖部，大家在政策许可的范围内也是支持他搭建房子做小卖部。有位村民想开饭馆，我们就天天去他的店吃饭，想多鼓励他，反正每天工作总要吃饭。一些村民也尝试把自己的房子改建成民宿，但是这样的人也比较少。我们通过和有想法的村民对接，去鼓励他们，认可他们，为他们提供帮助，这样我们就逐渐跟村民融合在一起了，所以"三加二"在晏家坝很受尊重。

李：合作社孵化师和村上的领导会有小摩擦吗？

双：村支书是全国人大代表，工作能力强，当然就比较强势。我们之间并没有大的矛盾，我特别明白她为晏家坝做出的贡献，她带领大家致富，花了很多精力。根本的问题在于村支书和我在经营理念上有矛盾。比如说，为了让他们放心，我把财务制度都整理齐全了，但报账还是不顺畅。另一点是她和我对待年轻人的态度不同，我觉得要看到年轻人身上的优点，发挥他的长项。我也能理解她家长式的管理方法，但无法改变，只能靠彼此间相互包容和体谅，一起完成工作。

李：您和其他村民相处得愉快吗？

双：挺愉快的。村民都挺好的，经常送我他们家的蔬菜，请我去他们家吃饭。我们在乡村待的时间长，知道怎么跟村民相处。乡村里你可以很自然地跟村民们打招呼，大家都熟。今天你不认识他，你冲他笑一下，他就会记住你。村民特别纯朴的地方在于，你尊重他，就会得到他对你更大的尊重。城市里同一个社区的人可能熟悉一点，市民见面问候很礼节性，今后可能碰不到一起。但是乡村就这么大，今天遇到了，过几天还要遇到，在乡村里你跟村民处熟了，如果遇到什么问题，你都能很自然地化解了。

李：在乡村生活幸福感会高一些吗？

双：我们的小伙伴说在乡村生活，第一他是住在自己家里，每天除了上班，回去能跟家人在一起。第二是我们吃的食物，我们都知道它是怎么种出来的。我们吃的鸡、猪都是自己养的，或是村民养的，而且村里的环境和空气都这么好。我觉得在乡村工作和生活，最大的一个收获是情感上的。现在很多年轻人在城里打工、安家，过年过节会回老家，这只是短暂的和家人团聚几天。长期和家人生活在一起，他们能得到情感上的满足。所以我一直跟在乡村工作的小伙伴们讲，你们不要把乡村价值只想成是你在完成工作，而要想成是在为村民创造更好的生活环境，让他们的家庭更加和睦、幸福。

（六）合作社孵化师朱玲发言与访谈

1. 关于乡村运营管理的主题发言

发言时间：2021年12月29日

发言地点：资阳市雁江区晏家坝村乡创学校

发言人：朱玲

培训主题：乡村操盘人课程及乡创体系研发项目

培训对象：中国扶贫基金会相关人员

今天上午我分享的是乡村运营管理经验。我做乡村运营管理已有两三年，来晏家坝约有一年。今天的分享聚焦晏家坝个案，向各位老师汇报并与大家交流。视频是汇报中的重要内容，因为乡村运营的评判不能只依据人流和现金流，也要看活动的组织，而视频就是最好的佐证材料。我的报告主要分为我做乡村运营的原因、案例分享、应对措施、运管经验和运营主体转变等五个部分。

为什么要做乡村运营，原因如下：

首先是示范项目与基地需要管理。最早我也不知道如何做乡村运营，尝试着做过民宿、咖啡馆，在"三加二"团队的帮助下，我逐渐从心理上接受乡村，接受更大的挑战，学会转变思路，实现跨区域的乡村营造。在"三加二"体系内，乡村运营属于"今是"公司的运管板块，我们在员工生态链里属于闭环运管板块。"三加二"乡创联盟下辖研究性策划、操盘手培训、"113+3"操盘服务、新社区营造、乡村运营管理五个核心产品，而乡村运营是最后一个闭环。乡村孵化师要清楚自己在"三加二"联盟体系中扮演什么角色，承担怎样的任务，发挥什么作用，才能更好地从事乡村运营。

其次，新村民物业需要管理。很多新村民将物业和投资项目呈现以后，没有时间运营，此时，他们可以将物业托给"三加二"管理。

最后，农商文旅项目需要管理，即乡村项目中的新业态、新模式和新产业。第二、第三产业可以借合作社介入乡村，但是这种方式需要有经验的人陪伴和孵化。这种需求出现后，我们就走上了乡村运营管理这条路。"三加二"的使命是为乡村赋能！我们做的事情是陪伴和孵化！乡村运营中陪伴不可或缺，因为运营的载体和主体很多，时间持续最长，这需要孵化师有耐心地温暖乡村、陪伴乡村，用创意改变乡村。

参考全国各地的民宿后，我聚焦和总结了两个案例。第一个是莫干山民宿。莫干山位于浙江德清，最早的一间民宿由外国人设计，我们称之为"洋家乐"。民宿火了以后，越来越多的设计师开始涌入民宿行业，莫干山出现了大量的精品民宿。莫干山民宿发展的第三阶段，民宿数量逐渐达到饱和，此时，全民参与民宿开设，这也导致了精品民宿入住率降低。第二个案例是阿那亚社区。阿那亚的精神产品、社区发展和社群发展内在经济驱动三点值得我们重点学习。阿那亚的精神产品以礼堂和图书馆最为出名。礼堂位于阿那亚黄金海岸社区，是一栋坐落在海边的白色建筑，能带给人精神的洗礼。阿那亚图书馆被称为"孤独图书馆"，成为网红打卡景点。阿那亚社群诞生于 2014 年，群体类型非常丰富，有话剧群、摄影群、诗社群、跑步群、风筝冲浪群等。阿那亚社区最早从社区物业开始，自发设计活动营造社群，花了几年的时间才将社群做起来。现在，社群能为居民解决问题，提供不同方向的培训。阿那亚开始时通过社区管理帮扶社群发展，后来，社群逐渐独立运行，形成良好的内在经济循环。

结合上述两个案例和自身经验，我总结出了乡村运营的方法，即联合乡居切入（自有物业经营）、新村民物业托管拓展、乡创文旅运营与物业管理支撑、社区营造和社群建设共同家园、新产业新业态新模式为新的增长点。下面我将仔细解读这几点经验。

首先，乡村运营的切入路径之一为自有物业。最早，我在安仁古镇做了一间小民宿，只有一栋别墅几个房间。考虑到房间单独出租效益不明显，我将别墅整座一起打包，为游客提供相对独立的空间。此时，我实现了从"卖房间"到"卖空间"的转变。到斜源小镇后，我尝试做更大体量的民宿，采用线上、线下沟通和引流，实现了跨点思考问题。再到现在的晏家坝，逐步尝试跨区域和挑战更大的民宿规模。

第二，晏家坝的新村民物业托管，第一个例子为乡创学校。这所学校有政府运营公司、三加二读书荟、村集体和资阳的平台公司四方股东，主要靠"三加二"进行运营。再如刘志刚这两年在外地，没空过来，就把刘志刚书法工作室交给"三加二"托管。

又如乡村餐厅原本是芭蕾舞艺术家的小院，结果他五年内没法过来，就通过协议的方式将小院交换给"三加二"。如今，三加二将之改造为艺术家餐厅。

第三，乡创文旅运营与物业管理支撑。这一点体现在乡村可经营性资产盘活、物业管理、公建空间活化三方面。可经营资产盘活方面，我们目前恢复了三崇堂，植入了晏家坝书馆、乡愁记忆馆、农民夜校及川剧资阳河流派展览。乡村美术馆借助与夏加尔美术培训机构的合作，将这个地方盘活。晏家坝修建的停车场、选择的观光路线和讲解员的标准制定，"三加二"都参与其中，这些都属于乡村可经营性资产盘活工作的一部分。物业管理分为新村民和老村民，"三加二"为新村民提供托管服务，带领老村民美化庭院，帮助制定最美庭院的评选标准。公建空间的活化主要以活动的形式呈现，通过各种各样的活动调动人的积极性和主动性，促进不同集体的融合。

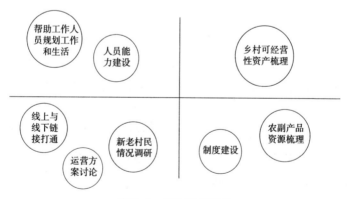

图 3-1　工作事务清单

图 3-1 是我的工作事务清单，表现了我的每日工作情况，由人员能力的建设、乡村可经营性资产梳理、农副产品资源梳理、制度建设、新老村民情况调研、运营方案讨论、线上与线下链接

打通等不同类型组成。

第四，社区营造和社群建设共同家园部分，三加二提出了"一年基础，两年社群，三年自组织"的概念，目前晏家坝处于第二年的阶段。年初，我们制定了乡村营造活动计划表，一年十二个月，每个月两次活动，一年就有二十四次活动。这些活动由捌楼捌号、三加二读书荟和厚斋工作室轮流组织。此外，我们还组织了节气活动、"四荟一营"和农民夜校，截至今日，我们在晏家坝一共举办了五十五场活动。这些活动都是基于村民的诉求定制成的项目。举例来说，捌楼捌号组织的"围庐夜话"讨论如何切入乡村、帮助乡村和改造乡村。厚斋工作室为村民提供艺术培训，主要是书画培训。三加二读书荟的"四荟一营"包括书法荟、读书荟、朗诵荟、手工荟以及阅读伴成长训练营。农民夜校专门针对老村民开展活动，组织了村里传统文化的分享和蔬菜种植的交流之类的活动。

2021年4月28日，"三加二"协助村两委在晏家坝举办了村主任论坛，我们邀请了蒲江县的很多村书记和镇长一起交流，大家一起商讨如何学习和运用更先进的理念发展乡村，形成共生共发展的状态。

我想重点介绍节气活动，它最有利于新老村民的融合。新村民进入晏家坝后，自然而然形成不同于老村民的新社群，而两个社群并不能马上合在一块儿，"三加二"需要用活动促进他们心态和行为上的转变，帮助新老村民融合。例如我们在元宵节举办的做元宵活动。当时我们预备一天做四场活动，准备了两百人左右的汤圆。许多年轻人参与了活动，大家逐渐开始互动，一起唱歌，一起吆喝，氛围很是热闹。再如中秋节的活动。村里许多小朋友帮我一起来做准备工作，城里来的小朋友准备了《论语》朗诵和《明月几时有》歌曲演唱等几个节目，和村里的孩子进行互动。孩子和老人也有互动，小朋友们将月饼送给老人，说："爷爷，我把月饼送给你。"老人问："你知道今天是什么节日吗？"

第五，新产业新业态新模式为新的增长点。晏家坝的蔬菜品种很好，需要向外推出，以形成新的第二、第三产业增长点。我给合作社做运营策划时，希望能从线上运营宣传、品牌入驻、人人参与和流程管理四个部分展开。由此，我们开发出晏家坝小程序，将农副产品挂上店铺，以晏家坝为载体向外贩售。通过给予一定佣金的方式，我们鼓励村民向外传播晏家坝小程序，扩大小程序的影响范围。

下面，我来分享实践中总结出来的乡村运营管理理念。其一，共事中实现管理，在理人（敬人）中管事。其二，运营中实现农民、村集体和运营商的共赢。想要在共事中实现管理，孵化师必须尊重当地的村两委和村民。站在对方的立场上思考和解决问题，才能赢得对方的信任和帮助，从而推动工作的进程。乡村运营就是不断遇到问题、解决问题的过程。无论如何，乡村营造需要建立在尊重的基础上，需要建立良好的关系，需要凝聚更多人的力量。在晏家坝举办的"最美庭院"评选活动正好说明尊重村民和村两委的重要性。评选标准由当地村民和村两委制定，我们邀请晏家坝的村两委和各小组的组长参与评选小组，走家串户，做好评定工作。

想要实现农民、村集体和运营商的共赢，我们就必须学会与合作者共享利润。当我做的民宿规模越来越大，需要更多人加入时，我逐渐调整利润分配方式，让参与者都能有所收获，这样集体的凝聚力得到了加强。晏家坝目前没有统一对外的运营商，是我在牵头做，现在我们形成了自己的物业，加上合作社，就是整个体系。晏家坝的餐饮较为单一，只有农家菜，我想当人流量增加后，火锅和烧烤会更受欢迎。于是，我尝试开了一家坝上火锅店，也是在做示范，增加当地的业态，可惜现在已经没有呈现了。

最后一部分我主要介绍运营管理主体的转变。我们在某个村庄三年后，村上应该发生运行上的转变，有更多村民参与这份工作。每次在某个地方从事乡村运营，我都不断地寻找像我一样的人，有初心，有韧性，有耐心，有坚定的意志。

乡村营造第一年重在带，第二年重在陪，第三年重在放飞。"三加二"在晏家坝已经第二年了，我们做出了乡村餐厅、乡创学校、今是系列民宿，这些都是陪伴的一部分。最初，我想在村上找一个人来完成现在的工作，但没有合适的人选，我只能自己做。这一路上仍不断有人加入我们的团队，共同营造乡村。

我来举个例子。乡村餐厅没有固定的厨师。当时我想亏本请个厨师，但是厨师的工资较高，他们的主要工作都在城里，待在乡村不大方便，所以一直没有合适的人选。有一次领导过来参观，需要安排午餐，我到处找厨师，刚好碰到有位城里过来的厨师，我请他做了一顿饭。通过他，我联系到了他们的主要负责人，发现了相当多的厨师资源，他们能为餐厅提供高端菜系的烹调。乡村餐厅的日常经营由村里的一个女孩子负责，她每天烹饪不同的家常菜，将菜单挂出来。晏家坝需要接待大批量客人时，我就请当地的乡厨，由他们主持酒席的制作。当宴请重要领导时，我也能找到城里的高级厨师，配出各种各样的菜式。因此，做乡村营造要尝试突破思维瓶颈，很多人已经很好地整合了资源，我只需打通渠道，将这些嫁接进来就可以了。

我梳理了这段时间以来的主要工作，包括尊重村两委主体，协助村两委完成四川省乡村旅游示范村项目申报，活化乡村土地资源、增加农事体验项目内容、完成对外招商，公众号运营等四个部分。对于合作社来说，农事体验项目是个创新点，"三加二"协助晏家坝村利用流转来的十五亩土地，将之分成小块土地，分别对外招商，并提供土地种植、养护、收集等托管业务。这项服务推出后，第三天就出租了近一半的土地。我们还将萝卜干制成商品进行贩售。在今年的海南博鳌文创周上，我们对外推出了晏家坝乡村公园社区，扩大其影响力。

新村民在朋友圈晒出了自己对晏家坝乡村公园生活的喜爱。肖姐说："晚上九点，村里已经寂静一片，小路上除了遛弯的我们，只有狗以及其他小生命。早晨被远在上海的闹钟叫醒，晨跑一圈，神清气爽，看见一下就跳出云层的红日以及已经在地里劳作的村民，这又是新的一天呢。"从老村民角度来说，村里一些年轻人加入了"三加二"团队，从事乡村振兴相关的工作，承担了更多的工作责任。在这个过程中，我也能发现他们身上的特点，发掘他们的潜力，给予他们更多的培养和帮助。我也收到了游客写的一些文字，如"有没有一丝牵挂会留下 / 不在时，尤有彩霞 / 不看时，最美脸颊 / 不听时，铃声嘀嗒 / 不念时，岁月芳华 / 这一生，定如所愿"。乡村是很多人内心最柔软的地方，他们期望的乡村是能满足基本的干净需求，又保留乡村特征的地方。

三加二乡村营造的重点在于公益先行。公益机构入驻乡村，组织各类活动，能让更多人参与进来，破除村民和外来人群之间的隔膜，有利于乡村新社区的形成。此外，乡村营造的关键词还有乡村空间活化和运营、挖掘当地生活、乡村生活转化平台、环保和可持续、村规民约的制定、运营模式符合在地化等。

最后，我想再一次强调三加二的初心是温暖乡村、陪伴乡村、创意乡村。我们的口号是："你不敢做，我们做；做示范！你想参与，一起做；做陪伴！你想自己做，让给你做；做孵化！""三加二"助力乡村发展，引导和陪伴村民改变，真正为乡村赋能！

2. 关于合作社孵化的访谈

访谈时间：2021 年 12 月 29 日

访谈地点：资阳市雁江区晏家坝村乡创学校

访谈对象：朱玲（以下简称朱）

访谈人：丁柳柳（以下简称丁）

丁：您大概什么时候来晏家坝的？

朱：2020 年 10 月左右。

丁：您在推进村民工作过程中，有没有遇到困难？

朱：有的。我们组织"最美庭院"评选时，村民对此不关注，参与人数很少，参与度很低。我们就给村民看很多漂亮庭院的照片，在农民夜校上组织对应主题的宣讲会。我们尽力传递这样的思想，即"三加二"不是来侵占村民的物品，而是来帮助他们改善生活。不仅如此，我们请求村两委的帮助，让他们跟我们一起协调，再邀请村民小组的组长一起做基础性的工作。

丁：合作社运营方面有没有遇到困难？

朱：晏家坝的新型合作社目前只有一个——旅游合作社。因为没有找到合适的经营人员，目前由我完成一些辅助性工作，例如乡村旅游示范村的项目申报和材料递交、土地招商引资。合作社注册是比较顺利的，但是开展工作遇到了资金不到位、人员组建难等问题。

丁：您是如何孵化年轻人的？

朱：首先，我要帮助他们完成心理建设，即确立乡村振兴的初心。其次，我会为他们提供各种各样的培训，带他们参观不同的示范项目。再次，我会根据不同人的特点为他们分配不同的业务板块，再帮他们梳理工作内容，讲解工作要点。

丁：您觉得这些助理要培训多久呢？

朱：有经验的人可能半年上手，没经验的可能需要一两年。人的成长需要一定的时间，要让他们慢慢明白做这些事情的意义，这与操盘的其他环节不太一样。但平台也制定了一个时间节点，就是一到两年的时间。

（七）乡村运营管理助理肖洪平访谈

访谈时间：2021 年 12 月 28 日、29 日

访谈地点：资阳市雁江区晏家坝村乡创学校

访谈对象：肖洪平（以下简称肖）

访谈人：丁柳柳（以下简称丁）

丁：您在"三加二"工作多久了？

肖：我是 2020 年 12 月过来上班的，到现在已经一年了。

丁：您原本是干什么的？

肖：以前我一直在外面上班，后来是自己创业做生意，很少待在家里。我第一次来我丈夫的家乡晏家坝是 2009 年，刚刚高中毕业。我 2013 年结婚，2019 年因为生二胎才回来的。

丁：您在这边工作感觉怎么样？

肖：挺开心的。工作氛围比较轻松，不像城市里的公司制度非常严格。我和领导、同事相处很轻松。

丁：您的工作内容都有哪些？

肖：我们负责乡创学校的陶艺馆，最近负责这边的会议。

丁：可不可以请您简单地介绍一下一天的工作？

肖：平时没有培训的话，我们早上 9 点上班，将公司的宣传

展架摆放好，负责区域内的卫生，整理办公室的资料等。

丁：您有参与"三加二"在晏家坝的项目吗？

肖：没有，乡创学校这边，我们7月正式加入"三加二"。7月以前，乡创学校有四方股东，邓总负责总体管理学校，但是十方股东分工不同。这四方股东分别是四川乡村旅游协会、三加二读书荟、村委会和蜀乡建筑公司。学校就是十方田园乡创学校，是独立的。

丁：您加入"三加二"前有参加过他们举办的活动吗？

肖：没有。因为晏家坝2020年开园，我是2019年下半年回来的，那个时候我要生第二个孩子了。国庆的时候我有点事情，都没有参加他们的开园活动。在这儿上班后参加了各种各样的活动，因为要跟这些活动，还要帮忙。

丁：哪些活动让您印象最深刻？

肖：我跟了端午节包粽子，中秋节做月饼，元宵节包汤圆和"最美乡厨"活动，还参加了川剧资阳河流派的相关活动。印象最深是端午节包粽子，因为活动就在乡创学校前面的广场上举办，而且我们这边端午节没有包粽子的习俗，直接在超市买比较方便。那一次活动很多小朋友特别兴奋，喜欢动手包，村民们也都很喜欢。这些活动参加的村民都很多。

丁：晏家坝打造后，回乡的人多吗？

肖：目前有一部分村民返乡了，主要是在资阳市打工的人。远一点的话，他们有自己的事业，不可能马上就收拾好回来的，肯定有一个过程。资阳打工的村民回来后有跟"三加二"谈合作的，也有外来的人在这边找房入住的。我碰到有些游客会询问附近有没有房屋出租，想接爸妈过来这边养老，因为这里空气新鲜，环境也不错，离市区也比较近。

丁：您觉得晏家坝的改变对您的生活有什么改善吗？

肖：肯定是有改善的。我 2009 年第一次来这边时，村里的路是水泥路，但非常窄，后来慢慢地扩宽了。到现在"三加二"进来，打造乡村，不管是风貌改造还是其他设备设施改善，很多方面都发生了改变。

丁：您觉得晏家坝村最大的变化是什么？

肖：村容村貌、环境有很大的改善。"三加二"进来后促进了旅游业的发展，村上产业增加，新的商家入驻，带动了当地的经济发展。

丁："三加二"这边的工作完成撤出后，您会接着在这里做下去吗？

肖：肯定会，因为我是本地的，家里有孩子。即便他们撤走，我们肯定会接着做下去。

丁：您对"三加二"为村里做的事情有什么看法？

肖：目前整个运营都很顺利，但是对本地人来说，从今年夏天开始受疫情的影响，来我们这边玩的、参观的人数比上半年减少了很多，这对村庄的发展有一定的影响。另外，还要重视宣传这方面，这是必不可少的。

（八）乡村运营管理助理唐红访谈

访谈时间：2021 年 12 月 28 日

访谈地点：资阳市雁江区晏家坝村乡创学校

访谈对象：唐红（以下简称唐）

访谈人：丁柳柳（以下简称丁）

丁：您是这儿的本地人？

唐：我也是嫁进来的。老家在乐至县劳动镇那边。

丁：您到晏家坝多久了？

唐：我来晏家坝十多年了。

丁：什么时候来"三加二"做助理的？

唐：2021 年 4 月。

丁：您平时在这儿干些什么？

唐：我主要负责陶艺，还有一些简单的办公室工作。

丁：您一天的工作具体内容是什么？

唐：早上我来了后，打扫卫生，练习拉坯和修坯，最后把陶泥处理一下。游客做的作品帮他修坯、晾干、烧成品，处理一些日常的事务。下午如果没有游客过来，也没有具体的安排，我可以做自己的事情。

丁：您本来就会制陶吗？

唐：我不会，是到乡创学校才开始学习的，乡创学校组织我们都去彭州培训过，现在手艺还不错。

丁：您觉得"三加二"操盘后，村子最大的变化是什么？

唐：2010 年以前，村里的道路全是乡间泥路，不好走。村里一开始只有养猪场，后来西建农庄在现在明苑湖的地方种葡萄。这几年变化很大，村里引进了不同品种的蔬菜和水果。民宿和餐馆也有起色了。

丁：您在这工作之后有什么收获吗？

唐：收获比较多。之前没有接触过这方面，我以前是卖服装的，回来生小孩后，在家停了差不多 10 年。现在我接触这方面感觉挺新鲜的，学到的东西也比较多。

丁：您对"三加二"改造乡村的工作有什么看法吗？

唐：现在我不用出门就可以挣钱补贴家用，也可以带小孩，还可以学手艺。现在我学了陶艺后，哪怕我不在这儿干了，我可以在自己家里面做，这个也很方便，不像以前只是围着小孩转，现在 5 分钟就到上班的地方，每天都过得很充实。平时朱总有空还会教我们做一些日常接待技能，学泡茶和咖啡。这些对我来说都是新的收获。

（九）村支书查玉春访谈

访谈时间：2021 年 12 月 29 日
访谈地点：资阳市雁江区晏家坝村村支书办公室
访谈对象：查玉春（以下简称查）
访谈人：丁柳柳（以下简称丁）

丁：查书记，我在网上看到好多关于您的报道，您非常厉害，在您回来之后引进了好多农庄，又搞了旅游业，您当时是怎么会有这些新思想的？

查：我们晏家坝是一个地理位置非常有优势的、资源非常丰富的一个平坝地区，但是资源被浪费了，老百姓日子也过得不好。我们这个村是处于我们镇中央的，我们到镇上去的话，都还要经过几个村。当时老百姓的思想比较陈旧，观念比较封闭，再加上道路交通都不方便，老百姓生活比较困难，没有钱，只知道种点谷子、麦子来吃。我回来当书记，是因为我毕竟在外面打过工，在外头学了一些、看了一些，看到晏家坝这样穷，还是想改变它的面貌。首先要把路修好，之后就要发展产业。发展产业是最关键的，因为必须把产业搞好，把经济搞上去，老百姓心里才不慌。种粮食不值几个钱，再加上我们的土壤条件不合适，种粮食产量也不高，所以我回来就开始让老百姓种蔬菜，如果种一般的蔬菜，收益肯定还是一样，要种品种特别的大棚蔬菜。

丁：品种蔬菜？

查：嗯。我们有种蔬菜的技能、技术。蔬菜一种，确实比种粮食划算。我到处考察，去学别人怎么种大棚蔬菜。当时种大棚蔬菜让大家觉得很可笑，很多老百姓都说用这种大棚蒙着，庄稼都淋不到一点雨，哪里长得好？我们也通过一些技术培训，学会了先进经验，加上我们农业局的一些支持，最后把大棚蔬菜发展起来了，之后老百姓收入就越来越高了，而且价钱都比别人卖得高，这种集约化的生产自然要做出品牌化的东西。

丁：我看到有五个品牌。

查：对。之后我就开始引进懂技术、会经营、会管理的人才。这样的人才进来之后，就开始引进很多业主进来带动土地流转。因为把路修通了，外面的业主看到商机，也就进来了。老百姓把土地流转给业主后，在里面打工，相应的也挣一份钱。后来，我看到人家种水果，我就说应该进行产业结构调整，现在就成了果蔬配套种植。这一块儿发展比较好，我们又进行观光采摘、农旅融合，也逐步走上旅游之路。我们去年、前年都是农旅融合发展，今年从农旅发展到文旅，这也是源于"三加二"。去年是区委、区政府进行主导，引进了"三加二"团队来帮助我们，实行政府主导、平台公司融资、"三加二"规划的模式进行发展。说实在话，有"三加二"团队和徐老师这样的乡村振兴操盘手，晏家坝才有今天这么大的变化。

丁：您觉得晏家坝村有些什么变化？

查：我们晏家坝的变化一是环境，二是人的素质，最大的变化是产业。

丁：书记，您能举几个具体的例子吗？

查：环境方面，原来晏家坝到处都是烂房子，遍地都是鸡鸭鹅的粪便。现在走进村子里面，就没有这种现象，大家都知道把卫生搞好。一个地方美不美，首先是看环境，我们晏家坝的环境基本上是达到了要求。村民也有一定的变化，有些老人保持了几十年的一些老习惯，也在逐步改变。风俗肯定要保持，但是有些陋习肯定要改变。比如说，原来很多老年人包括一些年轻村民，随地吐痰，现在大家都是非常讲究，村民的思想素质都在提高。"三加二"团队每个月也会开展各种活动进行社区营造，像端午节、中秋节等重要节日他们都会搞各种活动。

丁：参加这些活动的村民多吗？

查：大家都愿意来参加，没有来参加的还不高兴，说是没喊他。有些村民想在企业里面挣点钱，我们晏家坝的土地全部进行了流转，那么多企业，每一个企业都需要人，每一个民宿、餐饮也都需要人，所以现在年轻人返乡回来的也多了。比如说我们乡创学校都是年轻人，年轻人有新的理念。但涉及耕种，还是得看老年人的经验。我们晏家坝是利用新人、老人的结合，使其发展得更好。

丁：您刚刚提到最大变化是产业，具体有哪些变化？

查：一是农业产业，二是旅游产业。按照目前的规划，我们想把旅游服务业做好，因为我们村上的土地已经基本进行流转，所以我们肯定往第三产业发展。我们现在是让少数人带动大部分的老百姓，这样游客来的时候，不一定非得要在大餐厅、大农家乐吃住，就在一户老百姓家里吃点我们的本土蔬菜，既绿色又环保，既卫生又便宜。我们也要让游客来晏家坝有买的、有玩的，逐步把晏家坝做成吃、住、娱乐、购物相结合的综合产业，并把它做大、做好。城里面有的，我们农村同样有。比如萝卜是我们晏家坝做得非常好的一个品牌，晏家坝的萝卜担去城里卖都要比其他萝卜贵一点，因为晏家坝的土质不一样，所以种出来的萝卜吃起来是化渣的、甜的，这个品牌就可以继续做。

丁：您认不认可"三加二"对村子的规划？

查："三加二"团队本来就是做乡建的，特别是徐耘老师，我对他是很佩服的，他真的是乡村振兴的专家，是一个很有才华和团队精神的人，值得我们学习。去年夏天很热，整个晏家坝也很乱，"三加二"团队走遍了整个晏家坝，深入各家各户调研。比如说曹贵民老师、魏向阳老师他们，各个院落都去了解、拍照、精心设计，也积极征求村民的意见，经过了很多的艰辛，最后才跟村民谈妥下来。当时可以说是在一张白纸上画蓝图，真的非常艰难，但他们设计得非常好，理念也不断更新。这一点我们是做不到的，我们没有那样的能力。我们定位的是乡村公园社区，也是在探索中前进，至于设计方案没有达到预期目标，是因为我们区上一些方方面面的原因，之后要怎么设计是我们要探讨的。实际上还是资金的问题，因为我们自己资金紧缺，所以没有达到"三加二"给我们预计的目标。

丁："三加二"跟村支部这边有什么具体的合作吗？

查：我们在集体经济发展上就有合作，我们一起把晏家坝原来的村公所改成了乡创学校，村集体也有股份，他们有收益，我们有发展，这一块儿做得比较好。

丁：晏家坝未来的发展规划是怎样的？

查：我们希望还有更好的规划设计出来。这需要项目的支撑，如果没有项目的支撑，就是纸上谈兵，是空想。今年资阳市定了项目突破年，希望晏家坝能多争取一些建设项目，引进更多的业主来晏家坝融资、投资，带动我们的发展。

（十）原村委会主任张少君访谈

访谈时间：2021 年 12 月 29 日

访谈地点：资阳市雁江区晏家坝村村民家

访谈对象：张少君（以下简称张）

访谈人：丁柳柳（以下简称丁）

丁：十年前的晏家坝是怎么样的？

张：以前环境太差了，都是泥巴路。现在的艺术家工作室以前全是养猪、养鸡的。

丁："三加二"在晏家坝搞乡创，村里有什么变化吗？

张：变化大了，人居环境好了，房子也修好了。

丁：您这房子也是他们修的吗？

张：我这房子是 20 世纪 80 年代修的，后来政府来包装的。他们把外观修了。

丁：房屋外边靠马路的墙、楼上的屋檐这些全是"三加二"来了之后修的吗？

张：这些都是政府来改的。"三加二"把原来的村公所改成了乡创学校，还有里面的大型酒店是他们搞的。"三加二"在这边主要是规划设计，政府出钱来打造。

丁：这边游客多吗？

张：游客不算多，一是因为疫情，二是基础设施还没完善，留不住游客。"三加二"在这边招商引资，办民宿，相比之前游客多了一些。周末有游客过来游玩，但是也不算多。

丁：原先外出打工的年轻人回来的多吗？

张：有回来的，但还是比较少。

丁：一年来"三加二"举办了很多活动，您参加了吗？

张：活动是比较多。我很少去参加，因为第二年相对年轻人的活动比较多。

丁：有没有让您比较感兴趣的活动？

张：像是节气活动，那种大型活动，召集村民搞一些宣传工作，农业宣传、发展方面宣传等，老百姓也支持他们。

丁："三加二"在晏家坝规划和改造的过程中，有没有什么事情让您觉得不太方便？

张：有些伤害到老百姓的利益，肯定就不方便了。但是他们都过来沟通和协调，该解决哪些问题就一起协调。

丁：您有加入这边的合作社吗？

张：我加入了合作社。我现在有点困扰，因为合作社刚起步，经营收入较少，现在还依赖政府补贴维持运营。

三、古城村案例

访谈对象情况表

编号	类型	人物	性别	身份	访谈主题
A1	三加二读书荟操盘手团队	徐耘	男	导师	云南古城村项目整体规划
A2		杨质正	男	操盘手	云南古城村项目具体操盘情况
A3		魏向阳	男	设计师	空间布局规划、景观和房屋设计
A4		曹贵民	男	社工师、合作社孵化师	社区营造、合作社孵化过程

（一）导师徐耘访谈

访谈时间：2021 年 12 月 16 日

访谈地点：成都市大邑县新场镇三加二读书荟

访谈对象：徐耘（以下简称徐）

访谈人：邱硕（以下简称邱）

邱：请问古城村最早是怎么和"三加二"联系上的？

徐：古城村是企业邀请我们的，然后政府也跟进。这个企业跟政府的主要领导都不太熟悉，请他们来参观我们的乡创项目的时候，整个县的领导班子都来了。所以古城村的策划是政府请我们，操盘是企业请我们。

邱：请你们去操盘的企业是什么性质的？

徐：企业是做土地整理的。以前把土地整出来就卖指标、卖土地，但他们觉得这条路最近很困难，希望土地整理出来之后，这个地方有产业、有文化，土地才更好卖，他们不会无缘无故请你去做乡创。

邱：所以他们整理的土地范围就包括古城村？

徐：是的，全县土地整理他们都参加，只是想拿一个村来做乡创示范，让我选择，我就选择了古城村。

邱：选择古城村的原因是什么？它的优势在哪里？

徐：第一个优势是离城市的距离比较适中；第二是历史文化内涵丰厚，它是大理南诏国的前身，白子国的原址就在这里，曾经产生过一个滇王。村子后面还有个谷女寺，有佛教信仰；第三，村子景观不错，村里有三个大塘；第四，这边的人比较纯朴，好打交道。

邱：古城村人口是不是以白族为主？

徐：古城村还是以汉族为主。其实那边的领导没选这个地方，推荐的是其他地方，但他们还是尊重、相信我们的选择。

邱：除了企业之外，和你对接的是大理州政府，还是弥渡县政府？

徐：主要是县政府，州政府没有太多介入，但是州书记、州长、副州长对这个地方还是比较关注。

邱：红岩镇的情况如何？

徐：红岩镇非常积极配合，当时能够推进，全靠镇党委书记，镇上还有位人大主席，也很卖力。

邱：我们了解到，整个过程中上海的外来力量起到了决定性作用，上海注入的力量主要是体现在哪些方面？

徐：上海对口支援整个大理地区，上海的各个区县对口大理的各个区县，古城村项目是其中一个被选定的项目。在这个项目上，上海能够支持1 000多万元。当然要求准备好项目规划和预算，经上海方面批准才能拿到资金。整个项目的策划和完成都由我们"三加二"操作。

邱：但是刚刚说是企业赞助的资金？

徐：企业请我们做是操盘，上海支持的是地方政府在这个村上要建设的项目，跟企业没关系，建设起来也跟企业老板没关系。

邱：所以上海的资金注入起了决定性的作用。这刚好就体现的是国家一盘棋，是东部帮助西部，东西部结成一家这种发展的模式。

徐：严格说起来是这么一个过程：企业在古城村先把所有的土地整理完成，整理出来的建设用地就奠定了开发的基础。企业请我们去操盘的时候，还没考虑上海支持的因素，只是说可能会投资20个院子，希望我们去操盘。最后因为一些原因，实际上没有动这些地。我们到古城村先完成策划，然后进行操盘。在这个过程中刚好遇到上海对口支持，上海投的钱在村里边就可以全部做成公共性、公益性的项目。这对我们的工作也有很大帮助，我们在这个基础上再做工作，带动了16户农民创业。

邱：您在这个项目中担任导师，做了哪些工作？

徐：第一是找好定位；第二是要定好怎么做，要在哪些区域发力，这些都是需要导师来跟他们一起完成的。

邱：古城村的项目定位有形象定位、发展定位和产业定位，这些定位都是您通过前期调研了之后定下的吗？有没有和政府探讨呢？

徐：这些定位就是要获得他们的认可才能推得动。我们希望这个地方对外能够承接大理而不仅仅是弥渡的旅游项目。大理的旅游业很强势，我们希望这个地方能够借势盘活农民的房子，做旅居，实现农民的在地创业，让他们建起自己的民宿，自己的餐馆，有自己的传统手工，以此来丰富这个地区的旅游经济和地方文化。

邱：形象定位是"六召原乡，白崖古城"吧？

徐：对外宣传可以选一句好听的话，这是策划提出来的，我们觉得没有问题。因为当地是高原气候，农业发展是很好的，比如蒜的种植，完全能够解决生产问题。在这个基础上，我们希望农民再利用业余的时间来发展旅游产业。

邱：所以"大理农旅融合示范区"是它的产业定位。那么"白崖城遗址公园社区"的发展定位是怎么考虑的呢？

徐：我没有太在意这种策划名号。实际上我更希望他们的定位能够对接大理，大理有太多县镇了，我希望整个弥渡县能够作为大理的旅居聚集区，因为弥渡县并没有那么强大的旅游吸引力，对外地人来讲主要是它的气候和环境有吸引力，只要住宿的价格便宜，就有可能抢占市场，形成规模。那么，拿什么说事？就拿房子、度假和旅居来说事情。

邱：就是说，他们以前的产业其实是没有太大改动的？

徐：没有太大改动，只要能够正常发展，就不动原来的产业，而是在这个基础上做加法。我们希望发展的是旅居社区。要想旅居发展先要社区发展，要想社区发展先要文化发展，具有当地特色的饮食、环境等都应该系统地考虑。这之外，我们还会对当地人进行培训，教会他们如何提供服务和产业支持。我们的工作主要是发掘了当地的文化，这一点上社工师曹贵民老师功不可没，他去查询了很多文献资料，调研了当地的很多地标，还挖掘出了白崖城的历史。把文化挖出来，把地标立起来，把公共空间做出来，再把文化领域抓进去，然后动员农民创业，这么一个系统建立起来之后，就算不靠外力，当地也可以自己发展。

邱：我们在资料里发现还有一个打造目标是"三产融合发展样板，传统村落保护示范"，怎么理解呢？

徐：实际上我认为，古城村的发展应该首先着力于它的气候和文化，然后以农业作为保障，再在这一基础上做加法，即利用房子的资源做旅居，这是我的整个思路。在这个过程中，要给它冠什么名字，我觉得都没问题。

邱：村落的传统民居保护得好吗？

徐：不好不坏，可以先进行保护，之后再进行改造，但也不是全面改造。我们对古城村有感情，很大程度上就是因为我们当时入村入户，免费帮助农民完成房屋设计。

邱：所以用来发展旅居的房子就只是改造的农舍吗？有没有新修的房子？

徐：只有改造的，没有新修的。一部分是改造农民的房子，一部分是改造村集体的房子，比如食堂、剧场等。村集体房屋的改造是上海市政府可以接受的项目，有助于我们争取和利用资金。

邱：您之前提到有 16 家村民被发动起来，自己出钱改造、开业，这个过程是怎么样进行的？

徐：村民的积极性完全被调动起来，他们很有热情。好几家都已经开业了，最近名为"在水一方"的一家也刚刚开业，是其中规模最大的。这说明乡村建设要依靠农民的内在动力。另外，我认为，应该先降低价格，打开市场。

邱：规划中"一山两地三塘四区多点"的空间布局是怎么定下来的？

徐："一山"是指要在山上发展一些高端民宿；"两地"是指把新修的居民集中区和老的古城分成两片，先发展老的一片，新的一片在将来可以用于发展农副产品等相关产业，现在暂时没有太多规划；"三塘"是指当地原本就有的三个水塘景观；"四区"是指把古城村按功能分出四个分区，比如遗址保护区、产业发展区等。

邱：这个空间布局是原本就有的，还是"三加二"策划的？

徐：是"三加二"策划的。首先由我们给出策划，再通过开会和县上统一意见，最后具体到操盘中落实。

邱："一村一址一寺一园一哨"也是由"三加二"在操盘中提出的吗？

徐：我们原本打算在桥头哨做高端民宿，通过村庄改造来孵化村集体合作社进行管理，但是因为领导换届，新县委书记的理念发生了变化，我们还没来得及做，只能放弃我们原来的规划。

邱：我还看到一个 2020—2035 年的村庄规划，这个规划是他们自己做的还是"三加二"做的?

徐:我们一般不会自己做规划,因为规划都是国家层面上通过法律认可的。我们在做策划时不会违反国家的规划,不侵占农民的土地,不会触碰任何红线,不脱离现实情况,这样就不会犯错误。

邱:整个操盘过程中,您觉得"三加二"的过程控制和节点控制把握得如何?

徐:我们在古城村做的所有事情,包括我们内部的过程控制,包括建设、讨论,包括和上海的对接,都做得非常好,唯一的问题就是没有形成机制。

邱:没有形成机制与操盘团队不是由政府对接,而是通过企业引进的这点有没有关系?

徐:没有关系。实际上邀请我们去策划的还是政府领导,只是那边的政府太穷了,所以才出现企业来邀请这种情况,就连争取上海政府的资金、项目的选择和报告都是我们做的。项目前期的良好运作离不开县委书记的高度认可和镇上领导的大力推动,但这些工作的完成并不是靠机制推动的,而是靠人的情怀在驱动。比如,我们进驻的时候有个项目县上一分钱都拿不出来,是镇党委书记私人垫的钱,镇上的人大主席跟进这个项目时非常积极,几乎是随叫随到,而且照章办事。还有村里的一个张书记,他带头改造房子,打算建起村上的小博物馆。但是,这些情怀虽然让人很感动,却面临很大的变动性。现在弥渡县领导人事变动,古城村项目就没有保障了。领导的意识跟认识很重要。现在新上任的县委书记主张发展大旅游,但是云南旅游资源太多了,明智的选择是以乡村振兴为基础,先把当地搞活,再通过发展旅游做加法。像我们成都地区,很多项目都是在乡村振兴旗帜下开展旅游。

这一点上两地领导的观念还是有差距。这是我们该总结的地方。

邱：但从您的角度来说，古城村目前为止的操盘还算是成功的？

徐：对，其实是非常好的。我们到村上去过，和许多村干部打过交道，彼此之间真的有感情，因为我们真正发动群众完成了一个乡村振兴的案例，这是我们依靠基层的力量做到的。

邱："三加二"操盘团队在动员基层上做了哪些工作？

徐：我们操盘团队的每个人都付出了很多。杨质正是实际上的操盘负责人，在其中做了很多工作。设计师魏向阳是挨家挨户地帮村民完成设计。社工师兼合作社孵化师曹贵民超水平发挥。一方面，他对当地文化的挖掘很成功，现在成了当地的文化名人和代言人，经常受邀出席相关会议；另一方面，他的社区营造工作做得很好，通过发动村里的年轻一代，潜移默化地影响了很多人的看法。他还把老年人动员起来，通过兴趣社群建立良好的人际关系，方便动员村民做事。农民真的非常真诚，设计师魏老师回来之后，有的村民还经常跟他通话，叫他赶紧"回去"，的确让人很感动。在和这些人相处的过程中，你会发现基层有很多很好的人。

邱：所以在古城村案例中我们可以看到几个亮点：有东部对西部的"一盘棋"支援，有基层政府干部的付出和力量，还有最基层村民自主自发的能动性。

徐：而且让人意想不到的是，这些人是真想"干出来"，他们的主动性和责任心都非常强。当地的经济发展跟我们成都比，差距是真的很大，那边的干部虽然待遇低一点，做事情却是非常真诚。

邱：关于古城村的细节问题问完了。作为导师，您觉得这个项目还有什么启示吗？

徐：我觉得这个项目对整个乡村振兴有几点启示。第一，项目中最重要的是"人"。这个"人"包括乡村振兴中最重要的几个关键人物，比如县委书记、镇党委书记、村支部书记，比如专业的项目操盘人，比如基层的村民，都担任着很重要的角色。第二，项目一定要系统化。操盘的过程中，一定要明确自己的目标、定位、产业，要将这些要素结合起来，形成一个系统。第三，项目一定要建立起一个机制，这是我们这次学到的教训。机制是成功的基础，是我们必须高度重视的东西，比其他很多因素都重要，即使是再好的力量，没有机制的保障也会走偏。第四，项目的出发点是农民的利益，在这个基础上才谈论其他的事情，如果你的出发点是偏向企业，想把农民撵走，这就不好办。我现在越来越觉得我们这个机构作为公益机构和社会企业是有价值的，因为我们是第三方，不参与具体的利益纠纷，我们不和别人争地，你能做的我不做，你不能做的我才做，你想要的我就拿给你。我们追求的不是利润最大化，而是社会价值，只是通过一种商业的、市场的手段来实现这种社会价值。

（二）操盘手杨质正访谈

访谈时间：2021年1月18日
访谈地点：线上访谈
访谈对象：杨质正（以下简称杨）
访谈人：邱硕（以下简称邱）

邱：杨老师，您好！您大概是什么时候进入古城村的？当时村里的情况如何？

杨：我是2020年10月进入古城村的。刚去的时候那边完全是没经过任何开发的原生状态，农民的主要生活来源是依靠出售大蒜、玉米这些传统农产品，创业的意识比较薄弱，村里面老年人居多。另一个状况就是当地的建筑逐步走向现代化，当地很多农民都正打算把原来的房子推倒，重新建房。

邱：古城村的项目定位不是乡村旅游项目，而是旅居的聚居区，这个定位是怎么定下来的？

杨：因为弥渡临近大理，而大理是全国乃至全球闻名的旅游地，旅游资源多、规划水平高，而古城村的自然资源和文化资源都不是特别突出，这种情况下想在古城村发展旅游是不现实的。而古城村的气候较好，比较安静，交通也算畅通，是相对宜居的，我们就想结合国家的乡村振兴政策，通过利用农民的空余房屋做一个相对可持续的旅居区，以农民作为发展主体，把外面的人吸引过来，在这个过程中，旅游也会发展起来。借助外来的力量发展和我们把老百姓作为主体进行发展，实际上是两个完全不同的操作方式。后面一种发展方式的操作要注意几点：第一，通过培训打开老百姓的思维；第二，改造古城村的功能，让古城村从以前的单纯居住功能变成兼顾经营的功能，这就需要我们把乡村里的宅基地资产，也就是集体建设用地的价值发挥出来；第三，要把古城村改造成一个有温度的社区，我们去旅游不仅是要看好山好水，还要体验当地的人情，我们通过营造，就能让人的关系和谐融洽。

邱：古城村旅居策划面向的是什么地域范围的目标人群呢？

杨：第一是弥渡县的本地人，因为弥渡县本身其实没有什么游玩的地方，古城村建成之后首先会吸引本地人；第二，古城村里有白崖古城，白崖古城和白族人有关系，实际上对白族有寻根、探源的吸引力；第三，我们当时想大理是一个全国性的目的地，要怎么样把古城村和大理结合起来？正好古城村离大理只有50千米远，就可以吸引一些大理的游客；第四，因为古城村就在茶马古道上，也能吸引这条古道上的很多相关人群。

邱：研究性策划的具体过程是如何进行的呢？

杨：我们把研究性策划分成了几个部分。首先要进行全面规划，团队的成员各有分工，每个人都给出自己领域的初步规划并进行讨论，最后初步形成全面规划。这个阶段大概一个月，主要制定大的方向和定位。接着我再确定功能分区、交通等要素。这个步骤完毕之后，我们就要找到起步区，也就是到底从什么地方开始。在这个阶段要考虑到几个点：第一，要有关键节点，并且能用一条线把它串起来。在这条线上，我要把想展示的东西都展示出来，比如说乡村振兴中的"五个振兴"。也就是说，核心区作为示范要先呈现出来；第二，把节点串起来形成一条线，尽量避免纠纷。我们先找到节点，再找到线，最后围绕这一条线来出方案，这大概要花一个月。

邱：您可以具体谈一谈古城村的这条线吗？

杨：这条线是这样的，我主要负责规划，首先会把土地利用规划拿出来，根据我们前期定好的功能分区找好每一个板块的目标和亮点，也就是说要确定好能够支撑起这个板块的项目有哪些，之后有一个项目的总评估。接下来开始实践了，要先规划交通，画一条交通线，找出并标记已经建成的项目，再思考如何展示新项目。比如说农民创业不是说我们规划是谁去创业就是谁，而是要先筛选出有条件创业的村户，在这个前提下，我们再确定创业的政策，最终至少确定意向性农户20家，再考虑如何把这20户聚集到一起，后期要做什么重点工作。再比如说，党建引领如何落实在线上？村委会、自然村的党员活动区域应该是一个精神堡垒，但是古城村的精神堡垒不够，我们就利用空地来拓展，做了党员小院、党建微公园，将党的政策、对党员的引领、对党员家庭的引领，党员对非党员的引领等内容形成体系，这样一来党建引领就很丰富了。另外，景观节点也是重要的支撑性项目，利用特别好的资源立起标杆性景观，当地政府就很认可我们的水上剧场、非遗传习所等标杆项目。当然，空间中的细节也很重要，在这条线上，每家每户的院子布局、厨房清洁、卫生情况等形象都是很重要的。通过这些处理，这条街就大致建好了。

邱：刚才您说的水上剧场、非遗传习所这些项目在督导设计和施工的环节中有没有遇到什么困难呢？

杨：这种工程一般是示范工程，它的资金有保障，大家就很齐心协力，所以这个过程中没遇见什么困难。

邱：刚才您说要发动村民改造房子自主创业，在这个过程中，您作为操盘人和村民是怎么沟通的？

杨：老百姓其实有改善生活的意愿，这是最基础的原动力，他们担心的是做不起来，白白花钱。另外，部分村干部也可能会因为一些原因"唱反调"。所以我们做工作之前必须要弄清楚村民在期待什么，在反对什么，这之后再一家一户进行沟通交流，说清道理。比如有一户村民，他们家有个儿子，二十七八还没结婚，我就劝他不仅要为自己考虑，还要为家人考虑。实际上很多简单的道理可能村民自己想不到，需要你来点通。工作做通之后，要对村民进行培训，培训也要注意技巧，比如可以展示一些之前的成功案例，我就放了自己在巫山县柑园村操盘的一个案例视频，老百姓看了之后，当晚就有 15 家要跟政府签约。我们发动村民其实也要因地制宜，比如有些村民家附近有个小鱼塘，我们就建议他做水上碰碰车项目，几千块钱就可以搞定。

邱：现在三加二读书荟已经基本形成了"113+3"的操盘模式，操盘人起着协调各方的重要作用，请谈谈您对操盘人角色的理解。

杨：第一，操盘人自己要很清楚自己的目标；第二，想法要切合实际，一定要能落地；第三，要有创新性。有了这三点为基础，就可以清醒地与各种各样的人打交道。村民经常问干什么、为什么干、怎么干这三个问题，操盘人自己一定要在规划的时候就把这些问题想清楚；做好了前期调研，形成策划方案，再跟县委县政府的主要领导集中讨论，达成共识。操盘人要扮演政府、村民、团队的沟通人这三个角色，乡村有乡村的沟通方式，领导有领导的相处方式，自身的角色转变是很有必要的。我有一个比喻，乡村振兴就像怀孕，要有好的资源，碰上对的机制，通过一段时间的运营，最后才有成果。只有包含了资源、机制、运营这三个要素之后，才有可能成功。

邱：您这个比喻非常形象。您在古城村的操盘当中与导师和操盘团队的其他人是如何沟通的？

杨：我认为跟导师之间的沟通首先也还是要把干什么、为什么干、怎么干三个问题搞清楚，特别是为什么干这个问题，一定要跟导师做好充分的沟通，这实际上是一个方向的问题。怎么干就是要进入现场，干什么就是具体的、细分的工作。团队内部分工也很重要，要根据各自专业的分工来按时按点完成工作，最关键的就是每个领域的负责人要选好。我们古城村团队的分工很明确，所以在整个过程中的沟通也很顺畅。操盘人还有一个作用，就是要在别的团队成员不在的时候及时填补专业的空缺，临时转变成团队中的角色，当然专业的内容肯定还是由专业人士来完成的，只是说操盘人要有一个整体把控的职责。

邱：您觉得古城村的项目可以给其他的乡创操盘项目带来什么样的启示呢？

杨：项目的亮点第一就是古城村正好处在云南乡村振兴和脱贫攻坚的衔接点上，这个点位很重要；第二我们在古城村的探索引起了云南省国土资源厅的重视，获得了政府的支持；第三，古城村有自己的历史，有白崖古城的历史可供挖掘；第四，我们通过在当地建立社区，逐步实现乡村振兴，老百姓在我们的工作中发生了改变。这个项目还可以借鉴的点就是我们一定要注意政策，因为政策对乡创工作的影响很大，政策把稳了乡创才做得稳。另外，当地的乡贤也是一个重要的资源，我们在实际工作中可以通过发展乡贤扩大影响。再有一个，也是我最近在研究的，就是怎样把镇上的资源跟村上结合起来形成联动，光是几个村单打独斗最终还是不能形成一盘棋。我们可以先把这个村做好，这种模式就可以辐射到另外一个村，然后再将镇和村进行联动。

（三）设计师魏向阳访谈

访谈时间：2021 年 12 月 16 日

访谈地点：成都市大邑县新场镇三加二读书荟

访谈对象：魏向阳（以下简称魏）

访谈人：邱硕（以下简称邱）

邱：魏老师好！请问您参与古城村项目一共有多长时间？

魏：我们接到古城村这个项目差不多一年了，从 2021 年初开始，团队就进驻了。我们整个团队每月过去待十多天，进行驻村服务。

邱：就是说，您和曹贵民老师的工作是并行的吗？

魏：是并行的。我身兼两职，既是设计团队的负责人，又是乡村规划师。包括操盘手杨老师与社工师曹老师在内的整个大盘的策划团队，基本上是同时进驻的。

邱：您认为古城村在建筑、风貌方面最大的优势和劣势是什么？

魏：古城村位于云南的弥渡县，离大理机场差不多只有一个小时的路程，区位好；村子主要是以白族的建筑风格为主，比较完整地保留了白族的一些院落特征。这些是它的优势。当然它也有劣势。因为村民审美和目前整个中国建筑的审美趋势的变化，古城村有很多老房子被拆掉了，取而代之的是一些现代的、都市生态的建筑，这些新建筑单纯从建筑形态来说和整个古城村格格不入。

我们进驻后的第一件事就是先把这些完整的院落保护起来，因为再拆下去就不能叫古城了，会失去一些价值。当时我们要是再晚去一个月，很多房子就被村民自己拆掉了。那边有很多老的烤烟房本来也是马上要被拆掉了，我们过去之后赶快抢救，既保留了部分原先的建筑形态，又给烤烟房改造出很多现在人们可以使用的功能，最后改造得比较成功。

邱：要把这些老建筑保存下来的话，您和村民之间会不会发生一些摩擦？

魏：开始的时候情况很复杂。现在讲起来就是一句话的事，好像很简单，实际上我们整个团队进村之后，不停地跟村民们做思想工作，不停地做解释，让他们改变拆掉老房子的观念。最开始的时候村民是不会意识到老房子价值的，这不能怪他们，因为他们不是设计师，不知道这个的价值在哪里，总是认为老房子已经过时了，现在不需要再用烤烟房了，那我们就把它们拆掉，向城市靠近，重新修高楼大厦。我们还做了一些具体的示范，先改造了一些院子，最后效果很好。我前几天过去的时候，所有的村民都比较认可我们的改造设计方案，说这个烤烟房改得好，太好看了，太美了，太有价值了。

业态植入我们也花了很多心思，比如我们植入了田园剧场，植入了田野图书馆，给古城村建了一个可能整个大理州的乡村都没有的图书馆，建起来以后村民们也觉得很满意。建图书馆都是用的闲置的村集体的土地，那里原来是一个水厂，我们把水厂隔离开，把其余的闲置土地全部用来建图书馆。再比如，我们做非遗传习所，也是利用废弃的公共建筑重新建成的，也很有价值。

邱：传习所植入了什么非遗项目呢？

魏：其实我们除了建房子、做设计以外，还有别的工作，就是去找在地资源，云南那边你总不能把晏家坝文化照搬过去吧？所以驻村工作很重要。我们的团队在大理州到处寻找在地资源，然后就在当地找到了剪纸、陶艺、美食，等等。我们把它们整理出来，在非遗传习所里展示出来，这就是非遗传习所的功能。空间不能没有实际的作用，非遗大师的这些记忆要在这里面展示、传承，就把空间变得非常有意义。

邱：现在像非遗传习所这些建筑空间里的布置是不是都已经完成了？

魏：基本上已经完成了。这些空间布置是政府认可我们的专业性，交给我们完成的。这个项目有上海的帮扶资金 1 000 万元可供发展，加上我们操盘和设计团队的资金也是由土地整理公司给的，没有占用政府的有限资金，资金就用得很有意义。不谦虚地说，我们团队在这个基础上进行了非常认真地研究，对当地文化的了解程度已经比他们弥渡县本地的有些人还要深了，然后我们再把这些资料作为古镇的文化资料来保存，并且进行对外宣传推广。团队的每个人都很辛苦，因为进驻之后工作量很大，生活条件也差，刚进驻的时候没有民宿，也没有吃饭的地方，中午就只能靠面包和矿泉水充饥。不过现在好了很多，超市、民宿都有了，饭馆到处都是。

邱：一年的时间就发展起来了，的确是很快！徐主席说有十多家民宿已经全部建好了。

魏：准确的数据是 12 家，已经正式运营五六家了。

邱：资料上说古城村后面有一个寺庙，这些文化资源有没有进入您整体的设计呢？

魏：肯定有的。谷女寺旁边我们就有个民宿，也是村集体以前闲置的房子，我们把它做成民宿，还改了两个小院子，效果不错。除了谷女寺文化的整理，还有杨升庵到古城村去的地方，林则徐离开古城村的位置，这些文化遗址都是全部整理出来的，很有价值。

邱：之前的古城遗址现在还在挖掘吗？

魏：是这样的，清华的一个考古团队确定了那个地方是古城遗址，之后就没有再敢动它了。

邱：古城遗址是在他们的田地里吗？

魏：是的，就在田里，所以我们就不太敢动这块地，可能未来始终还是要动的，只是说现在还没能够协调好。其实我们认为古城遗址还有文化意义，但很多地方还需要专业部门去研究，我们只是把文化这块儿重新梳理了一遍。古城村这边村民的自主创业已经发展起来了，合作社已经建立了，就算我们离开了，古城村仍然要发展，这才是最重要的，才算达到了乡村振兴的目的。

邱：我们发现晏家坝那边有打造乡愁巷，整体的游览路线又是把整个景观串起来的，那么古城村那边整体的设计又是什么样的呢？

魏：古城村的面积要小一些，整个项目只有沪滇项目提供的1 000万元，政府这两年也陆陆续续投了几百万元的基础设施建设费用，考虑到这些情况，我们首先进行的是三线整治，把路灯、道路、排水整理了一遍，然后根据有限的资金，改造一些闲置的村集体空间，通过业态、文化植入把古城村提升起来。我们建了田野剧场、烤烟房、时空隧道，现在也有创意工坊、共享厨房、民宿，这是属于初级的建设，在这个基础上也是可以带动古城村的合作社经济发展的。再利用上海的帮扶资金，让村民自主创业，走这两条路子先发展起来。这之后，它的基础设施完善了，村民自主创业的热情也起来了，就可以充分体现沪滇项目注入的资金的作用，否则投一个亿也好，投两个亿也好，做一些无用的景点，是起不到作用的。比如我们为什么要建舞台？就是看中大理弥渡的民族舞蹈和音乐，此外我们再把有限的资金聚焦在图书馆、非遗传习所、共享厨房、民宿这几个小点上，这样一来我觉得基本上可以完成对古城村的扶持。

邱：之前徐主席也谈到，领导换届之后整体的发展思路发生了改变，和"三加二"操盘团队之前的想法的接续性不强，您认为是这样的吗？

魏：换届确实是一个比较重要的节点，因为前任的县委书记非常支持这个项目，和我们想做的事情比较一致，属于乡村振兴的范围，就是要把古城村发展起来，要让古城村自身走上富裕的道路，实现乡村振兴。我们原来的计划是以古城村作为模型，以后在弥渡的周边甚至大理的周边推广，用"三加二"的这种模式继续为乡村振兴服务。

但是现在的书记的思维是要以白崖城为基础，把古城村做成文旅项目，我们认为这已经不是乡村振兴项目了。文旅项目的受益者主要是开发商、外来资本，对我们古城村的村民而言价值其实不太高，村民虽然也会得到实惠，但力度可能会减弱。我们对古城村整个周边进行了深入调查和研究，认为古城村不适合做文旅，因为它的文旅资源比不过大理和丽江，而且和两地的距离也很近，不具有竞争力。我们认为要在古城村发展文旅项目是一种好高骛远的想法，不容易落地，不落地就会有问题，可能会对后续发展空间有一些影响。所以说其实每个领导的思维方式对发展的方向把控确实有很重要的作用。我们没办法改变领导的想法，他的想法已经开始实施了，所以等目前的项目完成之后，我们就会撤出。

邱：这也是徐主席说具体案例要选择古城村的一个很重要的因素，就是它好的地方可以集中地体现出来，操盘中难以预测的困难也体现得很明显。

魏：我觉得徐主席说得对。我们在云南古城村做的整个项目策划算是比较完善，最终效果还是可以较好地呈现出来，项目中还是好的地方更多。第一是有上海的帮扶资金，第二是整个操盘团队的费用也是由企业方出，那么就跟村上没有利益关系，对县上没有增添很多负担，这种模式是可以推广的。当然它也让我们反思人为介入和行政干预会对项目产生的一些负面影响。

邱：在整个过程当中，地方的政府基层领导对您的整体设计有什么要求吗？彼此之间的互动如何？

魏：古城村的基层干部对我们的工作很支持，对整个设计和整个策划的干预不是很多，他们比较相信专业，认为我们的设计体系是比较先进的。镇上的书记在我们寻找在地资源的过程中对我们的帮助和支持力度都很大。其实基层干部很辛苦。镇上有个前任赵书记，我之前真的没见过这么有情怀、有高度的一个人。她有一次为了给村民做事情，把自己的钱都拿了出来。

邱：您在设计的落实环节中有没有遇到什么困难？

魏：其实主要就是沟通的困难，跟领导阶层沟通都还是很容易，最困难的是和村民在具体项目中进行的一些观念上的沟通。跟村民沟通是一件很麻烦的事情，今天没说够，明天还要继续去讲。我认为沟通时设计师不要隐瞒，不要欺骗，要实事求是、开诚布公地跟村民讲清楚，讲明白。比如村民不愿意共用一堵墙，我就会跟他讲清楚，共用一堵墙，第一成本将会减少，第二空间会增大。一定要讲清楚，因为村民的产权意识很明显，我的东西就是我的东西，不会共用。物业、位置，这些具体的问题都要去跟他沟通，要很有耐心。其实村民是讲道理的，只要你不存坏心思，他是会接受好的意见的。古城村的村民一出门就看到大山、土地和蓝天、白云，他的心思没有那么多，工作很快就能做通。还有一个很好的方法就是做示范。你率先把一个房子做出来，让人看到具体的成果，改造之后既有价值，又可以节约钱，那就不需要把原来的房子拆了。当然改造之后的效果比他想的要差的话就完蛋了，但是如果改造之后真的不错，所有的人都会主动来找你改造。我每次回到四川之后还是会接到他们的电话，让我回去帮忙指导改造他们的房子。

邱：这个过程当中，除了设计师和村民做沟通之外，我们三加二的整个团队也会配合着一起去做工作吗？

魏：是的，遇到有什么纠纷，不光是社工师，村上的领导，甚至是包括一些市上、县上的领导都要来一起协调，所以它确实是个复杂的系统工程。比如有些农民今天同意租房了，字也签好了，房子也要交出去了，结果第二天就要撕毁合同，不跟你讲道理，这种情况是常态。遇到这种情况我们就又要重新开始做工作讲道理，有时候甚至要讲好几个月。所以说乡建相比其他项目确实困难比较多。做晏家坝项目的时候，村支书都哭了几场，村支书那么坚强的人大代表都哭了好几场。有些村民一开始同意了在这里改造房子，该领的补贴、该收的房租都收了，临了来跟你说面积不够，要重新修，让你恢复到原来老房子的那个样子。

邱：所以就像徐主席"三个不任性"中提到的，村民也不能够任性。

魏：对，村民任性的例子就是刚刚提到的扯皮耍赖。乡建过程中的扯皮耍赖多得很，只有靠各个部门协调来解决。无论是哪里，只要牵涉到农民房子，都存在扯皮，没有办法，这就是乡建最困难的地方，所以说团队要很有耐心。

邱：还有一个问题，之前徐主席谈到我们的设计师给城市建筑做设计得到的回报是比较高的，但是在农村设计的工作量大，回报可能也不高。"三加二"之前提出要让乡村设计师在经济方面得到尊重，想问一下魏老师，您觉得徐主席提出的这个理念是否具有持续性或者是推广性？

魏：设计费这个问题是普遍存在的。政府给的预算，在其他方面可能相对宽松，设计费方面就斤斤计较。我们现在之所以能够跟"三加二"合作这么久，是因为"三加二"给我们的费用考虑得比较充分。虽然说今年我们团队扎根在古城村这个项目上做了一年，基本上刚刚花完经费，但是我觉得还是很有价值和意义，因为我们已经做起来一个村庄了。说实话，"三加二"充分考虑了整个团队的基本利益，如果遇到个大一点的项目，还是会有盈利。所以说，还是要讲初心，这是说的真话，没有初心哪里会有一个设计团队扎根到村里去？但是从长远来看，改变乡村设计师的生存状况肯定是有必要的。

邱："三加二"这样的团队能够保证设计师在经济上的回报和精神上的价值，但是其他团队不一定能这样，所以乡村设计师是真的很不容易。

魏：古城村的设计很多时候都是我亲自去，因为我是团队的负责人，可以利用我的经验、技术解决很多问题，我们的团队会做一些图纸和官方需要的文本文件。图纸要完善，要过审查，非常烦琐，工作量也非常大，我们在晏家坝都画了几千张图纸，堆起来很高。我有一次给他们寄图纸过去，原本找个快递公司可以解决，结果不行，还是我专门开车去古城村送图纸，当时我越野车的后备厢里放满了图纸，就这样还是送了两次。

真正做乡村设计的设计师还是比较尴尬。因为对设计团队而言，比较困难的地方还有一个就是乡村设计的图纸要达到城市的规范标准，这是一个矛盾。我们做乡建的时候，有些图纸其实不需要画得那么到位，但是只要乡村振兴项目的业主方是政府或者相关机构，所有的设计图纸就必须要达到规范标准，工作量就非常大。巨大工作量之下，回报却不一定平等。我们在"三加二"平台里的待遇比较好，也算是支撑我们继续走下去的一个比较重要的点。另一个点就是情怀，我们还是想为乡村做点事情。没有这两个点，我们支撑不到现在。

邱：我们的问题基本问完了，魏老师还有需要补充的地方或者经验分享吗？

魏：现在乡建对我们的团队提出了更高的要求。我总结这几年的经验发现，其实乡建对团队的综合素质要求更高，比如要去了解国家政策和土地政策，还要跟村民、政府各方打交道，等等。以前做设计还是比较单纯，不会要求太多现场考察的东西，但是乡村设计不一样，它存在很多可变性——今天图纸通过了，但是村民不同意，明天就被驳回。乡村设计的这种可变性对设计师的应变性、个人综合素质，以及团队综合素质的要求就会变得很高。我希望我们的乡村设计师要更多地进入乡村，更多地对村庄进行实地调研，形成一个高素质团队。

（四）社工师、合作社孵化师曹贵民访谈

访谈时间：2021 年 1 月 18 日

访谈地点：线上访谈

访谈对象：曹贵民（以下简称曹）

访谈人：邱硕（以下简称邱）

邱：曹老师，您好！您在古城村项目中同时担任了乡村社工师和合作社孵化师两个职位，您是如何协调这两个角色的？

曹：其实最开始是有一位同事在做合作社产业孵化师，但他家里有事中途辞职走了，一时半会儿又招不到合适的孵化师，无奈之下我才接了过来。但其实我没有兼职的时候，他的工作也一直是我在指导。因为社工师跟孵化师的工作是密不可分的，所有的乡村振兴项目最终都要落实在产业上，社工师在走家入户调研和进行社区营造工作的同时，也必须要以产业为抓手来做各种各样的工作，帮助操盘手将规划落地。这种落地不仅仅是要把我们的理念贯彻下去，也要把产业细分落实，比如说我这块地是种萝卜，那块地是种大蒜或者种玉米，真的要细致到这种程度。所以说社工师跟产业孵化师是密不可分的。

在其他的项目上，即便是两个人在做，其实也应该相互配合，相互呼应，相互融通，这样才不至于造成"一个工作两张皮"。在古城村，我们就是这样做的。我们在做老百姓的土地整理的时候，就会提出来你这块地如果是种成什么可能将更好。比如说你家种了香草，以后开饭馆的时候就可以用香草来烤肉。再比如说当地有个做刺绣的，我就建议他以后可以养一些桑蚕，种一些桑树，这样就可以用桑葚来酿酒，用桑叶来喂蚕，用蚕丝来纺织，之后就可以卖一些桑蚕产品。实际上就是我在做社区调研时就给他指明了产业方向。

邱：这些工作都是互通互连的。您在古城村做前期调查的时候，挖掘了很多本地的历史文化，感觉您现在比很多本地人还要了解当地文化，您能不能简要谈一谈您的调研过程？

曹：其实您抬举我了。弥渡当地有非常多的文化名人，他们在前期也做了大量的调研工作，只是因为各种各样的原因，他们所了解的没有被应用到项目上。而我是想把这些文化历史节点挖掘出来，并最终融合到我们的文旅项目与乡村振兴的点位上去，这是我跟他们的区别。

如果说晏家坝是以三崇堂为主的文化历史调研为特色，古城村就是以白崖古城为核心的人文历史调研和重构为特色。我们在古城村除了挖掘出白崖古城、白子国、谷女寺、南诏国、铁柱庙等文化历史和传说故事以外，最大的成绩就是对古城村的社会组织架构进行了重构。过去的古城村只是大营村下面的一个自然村，都没有独立的村委会，它的组织架构非常薄弱，我们在那里先后成立了少年读书会、妇女舞蹈队、老人议事堂，这些社会组织对古城村的整个社会治理起到了非常重要的作用，组织重构是我们在古城村进行社区营造的一个新探索，也是最重要的一条经验。

当然这些都是在徐耘老师和平台的指导下完成的。组织的治理结构变化以后，我们利用这些社会组织，对村民进行了耐心细致地动员。大家知道在政府资金还没落实的时候，要让村民自己家拿钱出来进行创业是很难的，但是我们做到了。之前他们村的支书和村主任都当面表示怀疑，我就笑一笑，说让我试一试，结果不到一个月我就动员了6家人。

邱：您可以讲讲具体的动员过程吗？

曹：比如有个姓赵的老人非常喜欢看书，我就把我的藏书借给他看，同时我给他说我们要成立一个读书会，让孩子们有个读书的地方，我自己也投资了一间民宿，可以拿出一个房间来做读书室，这里的书你随便借、随便看，他非常高兴。后来我通过交流得知他的女儿之前在重庆开火锅店，现在因为孩子上学的事回来了，我就动员他女儿在这里开火锅店。在此之前也有其他机构来古城村做过一些项目策划，但都是无功而返，所以村民们都已经见怪不怪了，对此我就给她描绘了古城村的未来，同时也说了我自己投资的事，这对村民而言是一个非常好的榜样。

我的民宿开业以后你知道有多少村民来参观吗？3天来了1 600人，村里村外四里八乡都来了，大家一看我这个外乡人都敢在这投资，就坚定了他们的信心。我跟设计师魏老师商量先出一版设计图，然后和平台商量，要免费为所有自主创业的村民提供设计指导。魏老师很愉快地答应了，就这样一家家落实，在一个半月的时间里就落实了10家。我还跟政府要了政策补贴，同意每家最多补贴2万元。

邱：所以动员的作用太厉害了。您刚才说的老赵家是开的火锅店吧？

曹：对。还有一位原来是老年乐团的成员，我们就给他孵化了一个音乐小院。当时他说他银行有笔欠款没有还，贷不出新的钱来，我就跟操盘手杨质正老师凑了 3 000 元钱借给他，就这么打开了局面。

邱：刚刚您提到挖掘的地方文化要融入项目中去，您可以举一些具体的例子吗？

曹：我举一个例子就够了。古城村、谷女寺、白子国、白崖古城，这些厚重的历史文化，不仅我们现在人喜欢，其实早在古代就有 400 多名文人志士在这边留下了诗词文章，我们从中精选出一些刻到田野美术馆的石碑上。我策划一块石头上刻一首诗，从唐朝一直刻到民国。此外，白子国的这段历史有很多神话传说，我跟地方政府建议，把这些神话故事编成折子戏，在田野剧场里演出，在我走之前政府也着手去安排了。乡村振兴最忌雷同，古城村的文化历史在各方面都有自己的独特性，只有把它的特色挖掘出来，才能够突出古城村和其他村的差异，让游客因为这种特色而停留，最终产生效益。

邱：资料上说您曾经给一个残障老人拍照，对特殊人士的关怀也是乡创的环节。您能讲讲这个故事吗？

曹：是这样。这个老人虽然智力有些缺陷，但是体力非常好，仍然在照常工作。他每次见到我都笑，我感觉他非常和蔼可亲，有时候就比较关照他。比如说他喜欢收集一些纸箱、矿泉水瓶，我就主动收集好，等收集多了，就让他过来拿，就这样逐步建立起了感情，有时候我要卸货，他还会主动帮我搬，我怕伤到他就婉拒了。有一次我看到他在火塘边烤火，火光映得脸红红的，非常可爱，他冲着火光在微笑，我就给他拍了几张照，到照相馆洗出来之后送给了他。他哥哥说他上一次拍照还是在五六岁的时候，以后再没拍过照，所以这次他高兴死了，把最喜欢的一张照片直接揣进内衣的口袋里，汗水打湿了都不肯拿出来。

邱：这真是太令人感动了，看得出您是真的在用心做乡创。

曹：你真心对待别人，别人才能真心待你。

邱：是的。以上是关于社工师的问题，接下来想问问您在古城村那边发展出的新型合作社是什么样的？

曹：我们发展的合作社叫白崖旅游合作社，主要承担古城村所有的旅游项目，比如观光车租赁、物业服务、导游服务、文创品设计等，还有村级生产资料管理的服务，比如说村里的民宿、矿泉水水源管理，土地、非遗等项目的租金收取和管理人员的聘用等。但合作社最大的收益增值项目就是与和盛公司、"三加二"合作，对古城村闲置的9宗地进行了整理，并且按照相关国土政策进行了挂牌上市，这种探索放在整个大理州乃至云南省都是走在前列的。这些挂牌的土地被摘牌以后，产生的收益也会给合作社带来后续的前进动力。

邱：新型合作社产生的利润会按照一定比例来分给各方人员吗？

曹：对，而且等到合作社壮大、营利之后我们机构就会选择退出，因为合作社是全体村民持股的，是以集体经济作为行动导向的组织，是带有公益性质的。

邱：您在那边有做一些人才孵化工作吗？

曹：有的。先是和盛公司派了两个年轻人过来一起学习交流，接着村里也派了两个青年干部过来学习工作。比如张小平是村里的会计，同时也是合作社的会计，她自己又是村干部，我就让她主要负责妇女舞蹈队、少年读书会和少年环保志愿队的组织，这些组织在我们的指导下运行非常出色。她自己也说："从你们身上我们学到了很多东西，终生受用。"这当然是谦虚的说法，但我们确实指导他们做了很多具体的工作，也把我们"113+3"的内容全部以方法的形式教给他们，让他们在后续的工作中能把我们的理念贯彻下去。

邱：在这次项目的推进过程中，您和政府、操盘团队内部人员之间的配合如何？

曹：挺好的。政府对于我们的一些做法有不理解的地方，这时候就需要平台出面进行沟通，推动项目的持续前进。我们在这方面做了不少工作，所以县、镇、村的领导对我们的工作都还是比较认可的。我与操盘手、设计师的沟通也都还不错，一直是把项目朝着既定目标推进。

邱：您在项目中有过受伤经历，现在恢复如何？

曹：我在调研中发现有一个旗墩，就是白崖城原来竖旗杆的墩子，我就想去了解一下。我走在古老的城墙上，心里也比较激动，一不留神就从悬崖上栽下去了，摔坏了腿。当时休息了一个多月，各方领导都很关心，还专门请名医来给我治疗。现在已经好了。

邱：整个项目过程中还有没有什么让您印象深刻的事情可以给大家分享的？

曹：让我最难忘的是古城村的孩子。在这种空心村，留守儿童是家庭两代人的命根子，是不容忽视的。我把孩子们给组织起来，成立了一个少年读书会，我还编了这个村的歌谣，教孩子用普通话和方言念，他们背得滚瓜烂熟。有一次，在全体村民大会上，我让孩子们亮相，给他们定制了统一的背心，大人们看了表演纷纷流泪，感谢我把当地的好东西发掘出来，还编成歌谣让下一代都知道。我还把孩子们带到大理一个高端文化讲座会议上进行表演分享，参会者都震惊了，组团到古城村来参观，当天就有两三个人决定要投资，后来又有十几个人打算来古城村参观学习。后来因为我离开了古城村，又受疫情影响，第二次参观还没有正式开展，但是已经做好准备了。

邱：这对古城村来说是非常好的连锁效应，无论是对村子的精神文化还是后续的产业发展都很有帮助。

曹：这些孩子平常放学只会打打闹闹，学不到东西不说，还不太安全。我把他们组织起来以后，募捐了一批书，很多的孩子没事就过去读书，我还会给孩子们讲故事。同时，我还邀请了很多文化人来给孩子们讲知识，请文化馆的馆长讲诗歌、讲舞蹈，请美术学校的老师教美术。我还专门带孩子们去县城里参观了图书馆、文化馆、博物馆，还有铁柱庙。中午我又安排孩子们吃了肯德基，孩子们吃完后特别开心。有个孩子就说，"曹老师，这是我一年当中除了父母回家之外最开心的事"，我听了也很感动。他们回去后每个人都写了两三篇的作文，校长后来对我说，他们的语文水平简直突飞猛进。

邱：曹老师，我现在能理解为什么在采访徐主席的过程当中，他说您还有杨老师、魏老师这批操盘团队的老师们和当地人结下了非常深厚的友谊。我看到了操盘团队为乡创项目付出的汗水和真心，受益匪浅。

后 记

　　三加二读书荟在多年的乡村操盘实践和操盘手培训中积累了丰富的课程资源，为了完善课程体系的建设，三加二读书荟依托与四川大学人类学团队共同创办的乡村研究院，编写了本教程。

　　教程以国家和地方关于农村农业发展的各种政策法规为指导，以三加二读书荟积累的操盘材料为主要资料来源，并辅以田野调查和深度访谈，梳理形成三加二读书荟独特的乡创操盘手培训课程体系。

　　教程由三加二读书荟倡导人、导师志愿者徐耘全面统筹规划、谋篇布局，四川大学邱硕副研究员执笔。在撰写过程中，四川大学徐新建教授始终关心写作进展并予以理论指导，三加二读书荟执行长邓淙源、副执行长任凤在组织协调、提供资料、审阅校对方面付出了许多心力，四川大学硕士研究生丁柳柳、李彦霖、刘义梅、徐婷婷协助了文本资料搜集整理、田野访谈、录音整理等工作。三加二读书荟若干操盘项目的众多成员以及部分乡村干部、村民抽空接受了访谈，在此致谢。

　　感谢四川科学技术出版社的编辑完成了本书的出版工作，在其努力下使得本书能快速面世。

　　需要向读者说明的是，由于我们的水平和时间有限，加之相关领域教材暂付阙如，可参考的资料欠缺，因此本书难以尽如人意，不当的地方想必存在，还望读者谅解和赐教！希望本书能在将来持续完善，与时俱进，适应我国乡创和乡村振兴人才培养不断发展的需求。

《乡创操盘手实用教程》编写团队

2022 年 4 月 1 日于成都